U0512981

Arnold Joseph Toynbee

Civilization on Trial

文明经受考验

[英] 阿诺德·汤因比 著

王 毅 译

上海人民出版社

总　序

阿诺德·汤因比(Arnold Joseph Toynbee，1889—1975)是20世纪英国标志性的历史学家之一，也是20世纪西方思辨的历史哲学的杰出代表。

20世纪在人类编年史上是个较为特殊的世纪。科技突飞猛进，物质生活条件持续改善，全球化的趋势不可阻挡。但人类不同利益集团在自身发展道路上的选择冲突也空前激烈：风起云涌的革命与反革命，周而复始的经济危机，此起彼伏的大规模战争，特别是空前惨烈的两次世界大战，似乎预示资本主义文明末日的来临。如何概括这一尖锐对立的二元时代(英国马克思主义史家霍布斯鲍姆称之为“极端的年代”)，狄更斯的文学描述用到这里颇为贴切：“这是最好的时代，这是最坏的时代；这是智慧的时代，这是愚蠢的时代；这是信仰的时期，这是怀疑的时期；这是光明的季节，这是黑暗的季节；这是希望之春，这是失望之冬。”面对巨大的乱象，处于涡旋中心的欧洲人一度迷茫困惑、不知所措甚至绝望，比任何时候都更急切地需要有人给出合理的解释和希望，汤因比正是因应时代需求和期待而出现的思考者之一。

除了时代需求，个人因素对汤因比历史观的理解也不可忽视。他曾经谈到过这一点，认为欲了解他的思想，不只需考虑社会历史条件，还需考虑他的个人背景。他对课题的选择、论证的切入角度、论据的收集与取舍、讨论的角度和深度以及史实陈述和价值陈述所用的话语，具有与个人成长环境密切相关的鲜明个性。因此，阅读汤因比，既不能忽略他所处时代的政治、经济和文化语境，也不能忽略其生活经验、师承关系等个人条件。

汤因比生在伦敦一个知识分子家族。其祖父是医生，毕生致力于利他主义的慈善事业。汤因比悲天悯人的慈悲之心与此或许有一定关联。汤因比的父亲在茶叶进出口公司和慈善机构作职员，患有精神疾病。汤因比自陈他几次受到忧郁症的折磨，认为是从父亲那里遗传下来的。他的叔父是19世纪英国著名经济学家。但对他的学术旨趣具有直接甚至决定性影响的人是他的叔祖父哈利·汤因比和他的母亲萨拉·E.马歇尔。

汤因比的叔祖父哈利·汤因比担任过东印度公司一条商船的船长，有关他去印度和中国航行的传奇故事曾使小汤因比激动不已，他关于异域民族的豁达认识对汤因比后来破除西方中心论和形成文化平等观念具有启示意义。汤因比的母亲萨拉·E.马歇尔是剑桥大学纽纳姆学院历史专业的学生，后来成为英国小有名气的历史学家。她每天晚上在小汤因比临睡前都要给他讲历史故事，引起他对历史的浓厚兴趣，使他产生出要当一位历史家的理想。汤因比曾反思道："为什么我是一个历史学家，而不是一个哲学家或物理学家呢？这同我喝茶和喝咖啡不加糖是同样的道理。这两种习惯的形成都是幼年时从我母亲那里学来的。"①

19世纪末和20世纪初的欧洲孩子，古典文字和文学是普通教育的必修课，所以他7岁开始学拉丁文，8岁学希腊文，古典文字识读是他的童子功。加之他聪慧好学、接受能力

① 汤因比著，王毅译：《文明经受考验》，第1页。

强，学习成绩和道德表现优异，于 1902 年入英国名校温彻斯特公学。五年后获得奖学金，入牛津大学巴利奥学院深造，主修古典文献学和希腊罗马历史。大学毕业后他留学院任教(1912 年)，担任古希腊罗马史教师。他的治学能力和潜力显然得到了院方认可。

对于古典历史和文化素养与个人学术思想与成就的关系，汤因比有自己的解释。他说："这种传统教育颇为有益，接受过这种教育的人不会有文化沙文主义的弊端。一个受过希腊文化熏陶的西方人容易避免把西方基督教世界视为尽善尽美的错误，他在分析当代西方社会背景提出的历史问题时会求助于作为他的精神家园的希腊圣贤。"①所以他认为："对于任何一个想成为历史学家的人，尤其是对于出生在现代的人来说，古典教育都是一种无价的恩惠。"②这无疑是经验之谈。遍数 19 世纪与 20 世纪前半叶的西方出色思想家，他们无不具有深厚的古典文化素养，这不是偶然的，因为古典教育的精华在于培养良好的伦理与智慧、批判与审美精神以及逻辑的思维方法。正是古典历史与文化素养赋予汤因比博大的胸襟和广阔的视域。在他构建整个人类文明发展进程的宏观框架时，他熟悉的古希腊罗马文明作为一种基本模式就在情在理了。

在牛津大学正式任教之前，汤因比曾去英国设在希腊雅典的考古学院进修两年。③此间他走访了希腊和意大利的许多古代遗址，深化了他对古典历史与文化的认识，促使他产生了古代与现代不仅相通而且共时的思想。例如 1912 年 5 月 23 日，

---

① 汤因比著，郭小凌、王皖强等译：《历史研究》，第 937 页。
② 汤因比著，王毅译：《文明经受考验》，第 2 页。
③ 19 世纪以来，西方十多个国家在雅典陆续设立了自己的雅典学院，作为本国古典学教学、研究与图书资料中心。最著名的有雅典美国学院、英国学院、法国学院。

他身处米斯特拉城堡的顶端，向东眺望古代斯巴达谷地，远眺爱琴文明时期的迈锡尼遗址。他油然而生了这样一种联想：“虽然梅尼莱昂的迈锡尼宫殿早在公元前12世纪就被摧毁，米斯特拉城堡是在公元1249年建造的，二者间隔了24个世纪，但中世纪米斯特拉城堡的法国领土与迈锡尼时代梅尼莱昂的希腊贵族却有相通之处。”①他因此首次生出对古今历史进行比较研究的冲动。

两年后第一次世界大战爆发，汤因比在讲授古希腊史家修昔底德的《伯罗奔尼撒战争史》一书时，顿悟到历史事件的共同性，即第一次世界大战的爆发带给他的感受，在公元前431年伯罗奔尼撒战争爆发时修昔底德早已感受过了。尽管这两个事件距离两千多年之远，但却具有相似的意义，标志西方历史和希腊历史的转折点。他说：“这使我确信了维科的直觉：这两个文明的历史虽然不处在一个时代，但它们是平行的，是可以比较的。这种信念促使我从维科的两个文明的比较扩展到所有文明的比较研究。”②这种历史比较的想法基于历史事物具有共性，这也是历史规律论的理论基础。维科在《新科学》一书中早已论证过它的合理性，这就是世界各民族不约而同地形成一些相同的文化范畴，如宗教崇拜、婚丧礼仪。这种历史比较方法一旦产生，便成为汤因比史学研究的基本方法，贯穿他的一生。

但第一次世界大战的战火使年轻的汤因比不能安于坐大学的冷板凳。他不顾妻子的反对，积极报名参战。并于1915年进入英国外交部政治情报司工作，参与战争宣传活动。他的

①② 汤因比著，刘北成、郭小凌译：《历史研究》(插图本)，上海人民出版社2005年版，第436页。

学术方向也从古代转移到当代国际政治，曾撰文谴责土耳其和德国的战争罪行。之后汤因比任外交部研究处主任，撰写过有关中东和中亚地区的政策分析报告。1919 年第一次世界大战终结，他以英国代表团团员身份出席列强坐地分赃的巴黎和会，拓展了他的国际政治视野。随后他返回大学任教，在伦敦大学国王学院捡起了老本行，讲授近现代希腊语言文学和历史及拜占庭史。然而 1921 年希腊土耳其战争爆发，他再次从大学出走，成为《曼彻斯特卫报》记者，赴战争前线采访。战争结束后他撰述的《希腊和土耳其的西方问题》(The Western Question in Greece and Turkey)一书问世，广受好评。他在书中采用同代人记写同代事和夹叙夹议的传统西方史学写法，把希腊与土耳其的战争看作是西方外交政策和西方思想尤其是民族观念作用的结果。1924 年，汤因比任职于英国皇家国际事务研究所(通常称作查塔姆研究所)，负责每年一期的《国际事务概览》的组稿与编辑工作。1925 年，他还受聘担任伦敦政治经济学院国际关系史教授，第三次在大学执教，并一直到 1955 年以功勋教授名衔退休。这是一段勤于笔耕、著述甚丰的时期，也是他功成名就的时期。

退休后的汤因比作为和平主义者和世界主义者，继续活跃在国际政治舞台。他思想偏向欧洲左翼，反对美国的侵越战争，谴责以色列的中东政策，抨击南非的种族歧视。晚年他仍致力于宣传世界和平，思考人类的命运。他于 1975 年 10 月 22 日病逝，享年 86 岁。

英国哲学家罗素高度评价汤因比的思想成就，认为 20 世纪人们对史书的兴趣大为衰减，原因之一是伟大的历史著作不多，但汤因比是个例外，“他的作品的规模之宏伟，堪与前人的天才作品媲美”①。罗素是智者，比汤因比年长十多岁，大体可看作是汤因比的同代人。他赞赏汤因比似有惺惺相惜的意思。但他说20世纪缺乏伟大的历史家却未免言之过甚。江山代有才人出，美国史家迈克尔·朗于2011年论及汤因比时曾列举比尔德、布罗代尔、柯林伍德等一批大史家。但汤因比无疑在20世纪西方史学史的巨匠中属于给人留下最深印记的人之列。他著作等身，粗略统计，他已出版的大小书籍至少有80部(本)，可列一个长长的书单。在病逝前(1975年)，他还完成了另一部终极关怀的力作《人类与大地母亲》。除了书籍和小册子，他著有大量论文、评述，仅他的著作的外文译本的语种便多达三十余种。这套中译本汤因比著作集收录了其中六部，在数量上仅及他的全部著述的百分之一二。所以迈克尔·朗指出：汤因比“大概是世界上读者最多、译本最多且被议论最多的学者”②。

当然，我们知道，一个人著述众多并不意味每本书或每篇文章都是珠玑，只是意味作者的勤奋。一个人一生能有一两部经得起时光检验的代表作，一部著作中有一两章写得颇为精彩，一篇文章中有几行字耐人咀嚼，就已经很了不起了。对汤因比的作品亦应作如是观。尽管他著作等身，但真正给他带来国际声誉并载入史学史和思想史的是他的12卷本大作《历史研究》(1934—1961)。

这部著作的写作初始于1921年(拟出大纲)，1954年第10卷杀青，全书的文化形态史观已成完整系统。1959和1961

① 罗素著，何兆武等译：《论历史》，广西师范大学出版社2001年版，第68页。

② 迈克尔·朗：“汤因比的全球化与全球史”(Michael Lang, “Globalization and Global History in Toynbee”)，《世界史期刊》(*Journal of World History*)第22卷第4期，2011年12月，第747—783页。

年，汤因比又分别增补了第11卷《历史地图集和地名汇编》、第12卷《重新评估》，可谓四十年磨一剑。由于篇幅过大，普及不易，汤因比于1972年亲自删繁就简，把《历史研究》缩编成一册插图本。这样算起来，这部代表作倾注了他大半生的心血。①但他的这一成果得到广泛承认却要早得多。1947年，在《历史研究》仅出版了前6卷的情况下，美国《时代》杂志便选择汤因比作为封面人物，证明这部著作的影响已经越出了国界。当时媒体给出评论的十分高，赞誉汤因比是未来的先知，在学界一时无二。也因此，汤因比不时出现在欧美大学的讲台、广播电台和电视台，并在美国普林斯顿高级研究院完成了《历史研究》后几卷的写作。

当评析汤因比的思想成就时，虽然应承认他的先天聪慧、后天努力与经历波动的综合作用，但也不可忽略他个人的痛苦经验。汤因比经历过两次婚姻。他与第一位妻子有三个孩子，但两人最终分手。他一个儿子自杀，为此痛苦不堪的汤因比开始祈求上帝的仁慈和宽恕。他在自己的著作里对宗教的作用有那么多论述就是可以理解的了。从史学史的角度看，人生多苦并非坏事，因为杰出的史家有很多经历过肉体和心灵的痛苦，譬如欧洲的希罗多德、修昔底德、波里比乌斯、吉本、布洛赫等，中国的左丘明、司马迁、班固、范晔等。汤因比思想中始终具有一种深沉的宗教情怀和心灵深思，与个人经历的不幸不能说全无干系。

关于汤因比在《历史研究》中讨论的文化形态史观，中外史学界已有很多评述，包括一些批评。这里仅做一简要的介绍。研究历史选择以何种方法入手，也就是以何种理论来带

① 另有萨默维尔的缩编本，这部著作集收入的是萨默维尔的缩编本。

动自己的历史研究很重要。比如史学研究的基本方法论——实证主义或客观主义，再如在实证方法基础上的从社会经济和社会存在入手的历史唯物主义，从文化形态切入的文明史观，从社会体系入手的世界体系理论，从思想观念入手的历史唯心主义，不一而足。

汤因比选择了文明史观，他认为研究历史应首先明确可以入手的历史单位，用他的话说就是一个“可加以认识的历史研究领域”，一个“可以自行说明问题的研究范围”，在他看来这样的单位就是“文明”。他把文明定义为社会形态，并非如一般人所认为的“文化形态”。这样的社会形态不只包括文化，还包括政治和经济，只是文化在这种社会形态中具有特殊功能，它是区分或辨识不同文明形态的基本标记。为什么文化是而政治和经济不是？汤因比有他的解释，即政治和经济易变化不定，而文化则相对稳定。

用文化作文明的标记也有麻烦，因为文化范畴过于宽泛。汤因比认为宗教在文化中所起的作用最大，所以他把宗教挑出来作为分辨文明差异的尺度。这种做法与他先前的历史哲学家斯宾格勒的做法是相似的，表明他与斯宾格勒的继承关系。但汤因比也有自己的“变异”。不仅他明确定义他笔下的文明形态是政治、经济和文化的共同体，而且他的文明是开放式的，文明的交流可以产生积极或消极的历史后果，甚至产生新的文明。再者，他和斯宾格勒一样彻底否定启蒙时代以来流行的文明统一论和西方中心论。他解释西方中心论不过是西方人因自己的文明在物质方面取得的暂时优势所产生的错觉罢了。博丹、黑格尔等人的东方不变论和人类进步是单一直线发展的认识也都是西方的错觉。

在确定了自己的切入点之后，汤因比便展开了有关文明各种样本的系统论证。他首先归纳出26个文明样本，其中21个被他定为正常文明，5个定为停滞不前的文明。正常的文明之间多有亲缘关系，亦即他所说的“母体”和“子体”纽带。他特别申明，所有文明样本都是等值的，没有孰优孰劣。如果从短暂的文明史与数十万年的人类史(实际是数百万年)相比，所有文明其实都处于同一时代，他用英文词 contemporary 来指代这一历史分期。比照任何理想的标准，任何文明都没有资格看不起其他文明。

在这一基本解释的基础上，汤因比系统地阐释各个文明均需服从的历史规律，即起源、成长、衰落和解体四个阶段。四阶段衔接的因果关系是“挑战”和“应战”的对立统一关系。挑战一方和应战一方实际上是客观因素与主观因素这个对子在修辞上的一种表述。汤因比借用《圣经》中亚当、夏娃受到毒蛇挑战来比喻外部因素的刺激改变了主体原有完美状态的例子，说明挑战与迎战之间的关系。文明的起源正是这种内外因素交互作用的产物。汤因比归纳了五类挑战或刺激的形式：(1)困难地方的刺激；(2)新地方的刺激；(3)打击的刺激；(4)压力的刺激；(5)遭遇不幸的刺激。一种文明起源可能出自对一种或数种刺激的成功反应，迎战成功则文明生，否则就不幸夭折，或流产或停滞不前。一种挑战要激起成功的应战，还有个限度，就是必须“适度”，强度太大或太小了都不适宜。总之，文明的起源并不简单。起源之后的成长也同样艰难，成长本身就是挑战。上述五类停滞的文明就是对起源的挑战成功回应，却因耗尽了所有精神力量，被迫通过发展专业化的某种技能和等级制永恒地对付同一种挑战，结果造成文明的停滞。因此，文明的成长是不断回应新挑战并取得成功的过程。如果在过程中的某个环节发生迎战失败的断裂，文明随时有可能转入衰落的轨道。这也许可以用来解释许多发展中国家面临的现代化的陷阱。

这就需要回答一个问题：一种文明在成长的旅途上为何有可能中道而废？汤因比的解释是能否遇到具有非凡天赋的“超人”或天才是关键。换言之，汤因比同众多西方思想家一样是英雄史观的拥趸。汤因比认为，挑战尽管是对一个文明社会的全体成员而言，但应战者却不是每个社会成员，因为不是所有社会成员都能意识到这种挑战。只有社会中的杰出人物才具有这样的自觉和自决。他们通过一种“退隐和复出”的过程，获得灵感和启示，实现思想的升华，然后通过社会性的军事训练方式，把广大缺乏创造力的普通群众变成自己的追随者，率领他们不断战胜挑战，实现文明的成长。他认为佛陀等就是这样的“超人”。但这样的“超人”的基因和染色体不能传给后人。少数具有创造力的精英在成为领袖和统治者以后，可能腐化变质，沉醉于享乐，丧失原有的进取心，陶醉于自己以往取得的功业，陶醉于自己创造的组织、技能，崇拜自己的军事行为等，用汤因比的比喻就是“依着桨叶歇息”。于是“超人”便丧失了创造活力，失去了民众的信任。事情还有另一方面：缺乏创造力的平民只限于机械模仿，他们做不到主动和自决，始终达不到“超人”的境界。他们受统治者用习俗和惯例的束缚，他们的模仿行为不能推动文明的发展，反而成了发展的绊脚石。当统治精英因失去创造能力、不再被广大民众当作模仿对象，反而因强制和压迫站在民众的对立面时，民众就和统治者离心离德，原有的社会因而开始解体，再也不能对不断袭来的挑战进行适当的回应，文明便进入衰落阶段。

但汤因比认为业已沦入衰落阶段的文明未必一定或立即解体，它可能陷入衰落后的停滞，即他所称的“僵化”。倘若僵化文明状态下的少数统治者仍然不能对接踵而来的挑战进行成功的应战，那么它就面临一个必然命运，亦即已经积聚起巨大能量的挑战索性把这个无能的文明彻底毁灭，这就是文明的解体。解体的基本表现是社会分裂为三种成员：(1)少数统治者，从原先具有创造力的少数人转化而来，现在已经丧失了对群众的感召力，但又不愿放弃既得利益；(2)内部无产者，广大与少数统治者离心离德的群众，他们身处这一文明，心却不属于它，这些人创造了统一教会与统治者的国家相抗衡；(3)外部无产者，生活在该文明社会周边并曾接受其影响的各民族，同样不满少数统治者的政权，他们形成一个外部军事集团。这三大社会分裂意味社会躯体的分裂，但更加严重的是躯体内部的灵魂分裂，这是所有分裂的依据。面对末世，人们采取不同的应对态度，或自暴自弃、自我克制，或逃避责任、自愿殉道，或迷恋过去、幻想未来之类。这种社会分裂的危机对大多数人而言是无法克服的挑战，但也会激起另一些具有远见卓识和精神勇气的杰出人物来积极应战。他们尽自己所能全力参与到更伟大的创造活动当中，其创造的成果就是旧文明解体、新文明诞生。

他归纳的26个文明样本，大多数已经成为历史的陈迹，剩余部分也面临着解体的威胁，其中包括西方文明。这并不奇怪。汤因比以及给了他很大启示的斯宾格勒的时代，西方资本主义文明经历着前所未有的危机，斯宾格勒也因此对西方文明的未来很不看好。但汤因比与斯宾格勒的宿命观有所区别，他认为那些灭亡的文明并非注定要死亡，任何文明在衰落过程中都有凤凰涅槃、浴火再生的机会。这就是如果有人能重新点燃创造性的火焰，比如不断改良，就能够获得新生。他把激活衰败的文明或促使文明重生的希望寄托于宗教。他相信宗教对维持文明的关键作用，认为是文明生机的源泉。在他看来，没有对宗教的信仰，就会带来文明的崩溃和更替。

汤因比晚年的忧患意识进一步加深。两大阵营对峙所带来的核战争危险，生态环境的恶化，方兴未艾的能源危机，西方社会内部的各种隐患等文明衰败现象，深深地困扰着他，使他更强烈地关注人类的未来命运。然而，他仍然坚定地认为，虽然政治和经济领域的应战是必要的，但摆脱困境的最终出路还是在于宗教。

从史学思想史的角度看，可以把汤因比看作是西方思辨的历史哲学的最后一位卓越代表。汤因比在世时，西方史学理论的中心已经转移，从对史学客体的普遍概括(规律、形态、阶段、进步、演化等)向与史学主体认识有关的命题(史学的本质、历史的客观性、可认识性、史学与科学的关系、历史解释的性质与方式等)转变。思辨的历史哲学如同汤因比对文明历程的描述一样，在经历了二百五十多年的起源、成长甚至繁荣之后，在20世纪后半叶走向衰落。是否在不远的将来还会重生？让我们拭目以待。但在目前阶段，西方史家与西方自然科学对客观规律的理解保持一致，汲取了一个世纪以来规律崇拜所带来的负面经验和教训，不再力求把史实镶嵌到一个定理式的模型里，不再对自己的研究对象进行包罗万象的终极性解释，而把注意力转移到所谓批判或分析的历史哲学的研究对象上来。

这就提出了一个问题：在宛若万花筒般令人眼花缭乱的当代史学风景画中，在一个整体上快速变化并因而普遍尚新厌旧的时代，集中出版一位几十年前的英国人的著作，还有什么阅读的意义呢？我想唯一的答案就是鉴往识今。因为在我们经历和即将经历的过去、现在和将来的三个维度之间，现在稍纵即逝，将来难以预知，唯一不变的、稳定的就是过去。这里的过去自然是指客观的、一次性过去的过去，也就是客观的历史。过去的创造者和我们属于同一物种——智人，他们是我们的父老乡亲，具有同样的人性和智力。因此他们的历史实践与我们的历史实践从根本上来说是一致的，他们对于社会人生、世界历史的思考不管有多大差异，有多少漏洞，都是我们认识现在和未来的思想来源和基本依据。这正是汤因比的著作在世界各地依然拥有不少读者，即使在英语世界之外也受到广泛欢迎的原因。

我们看到，今天世界面临的挑战并不比过去少，汤因比对文明解体提出的警告并没有过时，他的挑战和应战的术语也已融入西方的语言王国之中，成为人们的常用词汇。他的理论仍旧为人类反思自身的历史提供着一种具有参考价值的解释，我们不难在他的理论框架中找到自己的位置。这恐怕是汤因比最重大的史学贡献，也是我们今天仍需要他的著作的原因所在。

郭小凌

2016 年 3 月，京师园

目录

自 序

尽管收入本书的论文写于不同时期，有几篇是20年前所写，但大多数是最近这15个月的产物。在作者的设想中，本书具有一种统一的视野、目标和观念，作者希望这些能够被读者感知。这个统一的视野来自一位历史学家的立场，也就是将宇宙及其全部事物——灵与肉、体验与事件——视为处在时空中不可逆转的运动之中。这一系列文章有一个共同的目的，那就是希望多少能够洞察这种神奇景观的意义。这本文集的基本观念是人们所熟知的，即这个宇宙是可以理解的，我们有能力将它作为一个整体来把握。这种观念对历史学方法具有实用的效应。历史研究的可理解领域，在任何国家的框架内都找不到。我们必须扩展我们的历史视野，从整个文明的层面来思考。然而，这个宽广框架仍然过于狭窄，因为文明如同国家一样，也多样而非单一。不同的文明会彼此相遇，由于它们的这种邂逅，又一种文明的社会，较为发达的宗教，就出现在这个世界之中。不过，这并非历史学家追寻的终点。仅仅在尘世层面上无法理解发达宗教，发达宗教的世俗史是天国生活的一个方面，对于天国而言，尘世只是它的一个教区。所以，史学就升华进入了神学。“一切将回归于神”。

本书这13篇文章，有10篇在汇集成书之前曾分别发表过。作者和出版者在此感谢原来的出版方慨然许可重印它们。

《我的历史观》一文首先发表于英国出版的《处于东西方之间的英国》。《历史的现状》的1947年版权属于《外交事务》。《历史会重演吗？》的1947年版权属于《纽约时报》。《国际展望》的1947年版权属于《国际事务》，这是依据1947年4月7日在哈佛大学，此后一周在加拿大国际关系研究院的蒙特利尔、渥太华和多伦多分部，以及同年5月22日在伦敦皇家国际事务研究院的一些演讲改写。《文明经受考验》的1947年版权属于《大西洋月刊》，它是依据1947年2月20日在普林斯顿大学的一次讲座改写。《俄罗斯的拜占庭遗产》发表于1947年8月的《地平线》，依据由阿姆斯特朗基金会资助的1947年4月在多伦多大学两个系列讲座的内容改写。《文明的相遇》发表于1947年4月的《哈泼杂志》，依据玛丽·弗莱克斯纳基金会资助的1947年2月和3月在布林莫尔学院的一系列演讲的第一讲改写。《基督教与文明》的1947年版权属于阿诺德·J.汤因比（彭德尔顿·希尔出版物），依据该年度的伯奇纪念讲座改写，1940年5月23日在牛津谢尔登剧院的这次演讲，正逢演讲者自己国家和世界历史上的一个关键时刻。《历史对于灵魂的意义》的1947年版权属于《基督教与危机》，依据1947年3月19日在纽约协和神学院的一次演讲改写。《希腊—罗马文明》依据在牛津大学的一次演讲改写，那是二战岁月的一个夏季学期，吉尔伯特·默里教授为牛津大学人文学院各门学科的研究组织了一系列绪论性质的讲座，这是其中之一。《欧洲的矮化》依据1926年10月27日在伦敦的一次演讲改写，当时是休·道尔顿博士主持，属于费边社组织的“收缩的世界：危险与潜力”系列讲座之一。《世界的统一与历史观的变化》依据“克赖顿讲座”改写，1947年11月17日发表于伦敦大学的议厅。

A.J.汤因比

1948年1月

我的历史观 3

我的历史观本身就是一部微型历史，它主要是其他人而非我自己的历史。一位学者的终生工作是把自己的那桶水加入一条始终在涨的知识长河，有无数桶这样的水在添加进去。如果要清晰表达我个人的历史观，或者说要让它可以令人理解的话，必须由它的起源、发展和社会及个人背景来展现。

人的头脑凝思宇宙时会有许多不同的角度。为什么我是一个历史学家，而不是一个哲学家或物理学家？这同我喝茶和喝咖啡不加糖是同样的道理。这两种习惯的形成都是幼年时从我母亲那里学来的。我之所以是历史学家，是因为母亲在我之前就是；然而与此同时我也意识到，我属于与她不同的另外一个学派。为什么我没有完全以母亲为榜样呢？

首先，我是我母亲之后的那一代人，所以，当历史在1914年想扼杀我们这代人时，我的头脑尚未僵硬。第二，比起母
亲接受的教育，我受到的教育更为老式。母亲属于英国接受 4

大学教育的第一代女性，接受的是现代西方历史上最新的教育，其中英国的国家史是作为主线的。她的儿子作为男性，上了一所老式的英国私立学校，先在那里后在牛津接受教育，几乎完全学的是希腊和拉丁经典。

在我看来，对于任何一个想成为历史学家的人，尤其是对于出生在现代的人来说，古典教育都是一种无价的恩惠。作为一种训练的基础，希腊—罗马世界的历史具有自身的鲜明优点。首先，希腊—罗马史对于我们而言是可以透视的，可以作为一个整体被我们看到。它已经结束——不同于我们自己西方世界的历史是一部尚未落幕的戏剧，我们不知道它的最终结局，作为它这个拥挤而骚动的舞台上的一个表演时间很短的演员，我们甚至看不到它的当前全貌。

第二，希腊—罗马史领域没有被过度的信息所阻碍和遮蔽。由于从希腊—罗马社会瓦解至我们自己社会出现的这段时间内冗材被大幅度清理，因此我们能够看到树干。而且，它留存下来的证据其数量便于使用，不像我们的西方世界那样，被那些教会公国的政府文件弄得不堪重负，在原子时代之前的这许多个世纪的时间里，证据成吨地积累下来。对研究希腊—罗马史而言，留存下来的材料不仅在数量上方便好用，在质量上经过了淘选，而且在性质上还非常均衡。雕像、诗
5 歌和哲学著作的价值超过了法律文本和协定，这就在研究希腊—罗马史的历史学家那里形成了一种分寸感。如同在时间长河的视野中观看事物较之仅仅在我们有生之年来看更为透彻一样，这些艺术家和文人的作品也超越了商人、军人和政治家的所作所为。诗人和哲学家超越了史学家，而先知和圣徒则胜过他们所有人，比他们的影响更为长久。靠着荷马和修昔

底德魔力般文字的优雅，阿伽门农[①]和伯里克利的幽灵仍然萦绕在今天的世界；即便荷马和修昔底德也已无人问津，但依然可以预见的是：基督、佛陀和苏格拉底在我们的记忆中、在遥远未来无数代人的记忆中会永远鲜活。

第三也许最为重要。希腊—罗马史的优点在于它具有一
种普世而非地方的视野。雅典可能遮蔽了斯巴达和罗马的萨
谟奈[②]，但初期的雅典是全希腊的楷模，而晚期的罗马则使整
个希腊—罗马世界成为一个共同体。一部希腊—罗马史，从
开篇至结束，统一始终是基调。一旦我倾听这部伟大的交响
曲，我就脱离了痴迷于自己国家那部地方史的单调偏狭之音的
危险——当年母亲哄我入睡，每夜讲一段给我听，我对它曾那
样入迷。不仅是在英国，而且是在所有西方国家，我母亲那
代人的历史启蒙者和大师，都急于促进对本国史的研习，他们
错误地认为这与自己国人的生活关系更密切，所以比起其他地
方和其他时代的历史来，国人也就更容易理解本国史。(尽管 6
有一点很明显：事实上，对于维多利亚时代的英国男人和女人
来说，较之阿尔弗雷德[③]或伊丽莎白的英国，耶稣的巴勒斯坦
和柏拉图的希腊其实更为重要。)

尽管有这种维多利亚时代的历史观——这种历史观与英国历史之父“圣比德”[④]的精神很不相同——它对碰巧生于斯的本国历史有一种误导性的推崇，但维多利亚时代的英国人对待

---

① 阿伽门农(Agamemnon)，希腊迈锡尼国王，荷马史诗《奥德赛》中的重要人物。——编者注

② 萨谟奈(Samnium)，罗马时代位于意大利中部到南部的山岳地区。——编者注

③ 阿尔弗雷德(Alfred, 849—899)，是英格兰盎格鲁—撒克逊时期韦塞克斯王朝的国王，被后世尊称为阿尔弗雷德大帝。——编者注

④ 圣比德(the Venerable Bede, 675—735)，英国历史学家和神学家。——编者注

历史的潜意识态度，仍然是某种完全生活在历史之外者的态度。他无理由地坚信自己是站在陆地之上，不会像那些相对弱势的人一样被滚滚的时代洪流卷走。以自己设想的这种不受历史束缚的特权地位，维多利亚时代的英国人好奇、屈尊，又有点怜悯，但丝毫没有不安地观看其他地方和其他时代那些不太幸运的人们，看他们在历史大潮中挣扎和沉没。这与一幅中世纪意大利的画颇为相似：得拯救者倚着天堂的栏杆，沾沾自喜地朝下看着那些下地狱者的痛苦。查理一世很不幸地进入了历史，罗伯特·沃波尔爵士尽管受到弹劾的威胁却能够想方设法爬上来，而我们自己是站在一块远远超过高水位的舒服岩石上，什么也碰不着我们。我们那些靠后的同时代人，或许仍会在如今已在退落的潮水中没腰，但这与我们有什么关系呢？

我记得，1908 年至 1909 年的波斯尼亚危机时，一个大学
7 学期刚开始，当时还是贝列尔学院大学生的 L.B.纳米尔教授，从位于奥地利加里西亚边界内的家乡度假回来，他对我们这些贝列尔学院的其他学生说——带一点预告凶兆(我们这样感觉)地说：“好吧，奥地利军队已调动至我父亲的庄园，俄罗斯军队正在穿越边界，也就半小时前。”对于我们来说，这听起来就像电影《巧克力士兵》中的一个场景，而缺乏理解则是共同的。目光敏锐的中欧国际事务观察者简直不敢相信，这些英国大学生竟然认识不到，在仅一步之遥的加里西亚，他们自己的希望也正在被毁。

三年之后，我在希腊循着伊巴密浓达①和菲洛皮门②的足

---

① 伊巴密浓达(Epaminondas，公元前 418? —前 362)，古希腊底比斯政治家，将军。——编者注

② 菲洛皮门(Philopoemen，公元前 253—前 183)，古希腊统帅和政治家。——编者注

迹徒步旅行时，在乡村咖啡馆听人聊天，我才第一次得知有一种被称作爱德华·格雷爵士①外交政策的东西。然而，即使如此，我也未能认识到我们毕竟也在历史之中。我记得，1913年的一天，当我沿着灰暗平静的北海萨福克海岸行走时，作为历史上的地中海人，我感到了深深的乡愁。1914年的大战使我把对修昔底德的详细解读引入贝列尔学院大学生的人文学科阅读之中，突然，我豁然开朗：我们在自己这个世界正经历着的事情，修昔底德在他那个时代早已经历过了。于是我带着新的感知一再阅读他，感受他词语中的意味，领悟他语句背后的情感，对此我一度浑然不觉，直至我有机会进入激励他写作那部著作的那种历史危机之中才恍然大悟。现在看来，修昔底德就曾在这片大地上行走过。他和他那一代人就走在我和我这一代人的前头，我们分别抵达了历史经验的现场。 8
事实上，他的现在就是我的未来。不过，把我的世界称为“现代”，把修昔底德的世界称为“古代”，做这样一种年代注释并无意义。不管年代学怎么说，修昔底德的世界和我的世界现在被证明在哲学上为同时代。如果这就是希腊—罗马与西方文明之间的真正联系，那么所有我们已知文明之间的联系会不会也是这样呢？

所有文明在哲学上为同时代的观点——对我而言这是一种新观点——又因从我们现代西方物理科学一些发现所提供的背景来观察而得到了强化。在地质学和宇宙进化论展示的时间框架中，我们称为“文明”的这些人类社会从首次出现至今的这五六千年，与到现在为止人类的年龄、地球上生命的年龄、

---

① 爱德华·格雷(Edward Grey, 1862—1933)，英国政治家，曾任外交大臣11年。——编者注

地球本身的年龄、我们这个太阳系的年龄、太阳系在其中仅为一粒尘埃的银河系的年龄，或者是更广阔和古老得多的所有星辰宇宙的年龄相比，实在是极其短暂的一瞬。与这些层级的时间幅度相比，在公元前第二个千年出现的文明(比如希腊—罗马)，在公元前第四个千年出现的文明(比如古埃及)，在公元第一个千年出现的文明(比如我们自己的)，就的确属于同一个时代了。

所以，就可以称作文明的人类社会的历史而言，历史显现为一个新结构中一组平行和同时代的晚近的文章，一系列持续至今的要超越原始人类生活水平的努力。人类在变成了他自
9 身之后，这种原始生活显然几乎没有变动地持续了数十万年。在我们今天的时代，它也仍然存在于诸如新几内亚、火地岛和西伯利亚东北极远处这样的偏僻之地。这些地方的原始人类社会没有被触动，没有被其他人类社会侵略性的拓荒者所消灭或同化。不同于这些懒散的原始社会，其他人类社会现在又——尽管也是最近——再次前行。现存各个社会之间那种令人惊异的文化水平差异，是加利福尼亚大学泰加特教授的著作让我注意到的。这种范围广泛的差异全都发生于这个短暂的五六千年中。这就有了一个很有前景的探索研究的切入点，“在时间的面相下”①，这是宇宙的秘密。

在如此之长的一个停顿之后，是什么又一次地在如此晚近的激烈震动中启动了新的进程，朝向一些仍然不得而知的社会和精神目标？少数一些社会开始了称为文明的这个进程。是什么激励它们脱离了那种人类社会的大部分从未要去摆脱的蛰眠状态？1920 年的夏天，当早已在我的地图上为我加上了东

① 原文为 sub specie temporis。——编者注

欧的泰加特教授，又在我的手中放上奥斯瓦尔德·斯宾格勒的《西方的没落》时，这个问题就在我脑中酝酿。当我读着这些充满了历史洞见之光的论述时，我开始琢磨，是否在这些问题——更不要说答案——在我的头脑中充分形成之前，我的整个探究就已经被斯宾格勒解决掉了？我自己的基点之一是，历史研究的那些可理解的最小领域是整体社会，而不是它们那些随意的孤立碎片，如现代西方的单一民族国家或希腊—罗马世界的那些城邦。我的另外一个基点是：称为文明的所有这些社会，它们的历史在某种意义上是平行和同时代的。这两点在斯宾格勒的体系中也是基点。然而，当我在斯宾格勒的书中寻找关于文明起源之问的答案时，我发现仍然有自己可以去做的工作，因为我觉得斯宾格勒在这一点上启发性最弱，颇为教条武断。在他看来，各个文明是一成不变地在一个固定的时间表内兴起、发展、衰落和沉没，但他对此又没有给出任何解释。它就是斯宾格勒探测到的一种本质法则，你必须从这位大师处不加怀疑地接受它。颇为武断！这种令人失望的武断之举与斯宾格勒的才华横溢很不相称，我也因此领悟到了一种国家传统上的不同。当德国的推理演绎方式一无所获时，我们不妨来看看英国的经验主义怎么做。我们来测试依据这些事实而来的不同可能的解说，看看它们怎样经受考验。

种族和环境是自称为科学的19世纪西方历史学家提出的两个相互对立的关键词，以此来解决现存各个人类社会文化发展不平衡这个问题，但经检验二者都被证明未能打开这道紧锁之门。首先来看种族理论。人属的不同成员区分为不同体质的种族，这与进入历史领域的人类在精神层面上的不同相对应，这方面的证据是什么？ 如果为了论证而假设存在这种对应的话，那么何以几乎所有种族都有成员进入到一种或更多文明的创造者之列？ 黑人种族迄今为止没有作出什么可观的贡
11 献，但考虑到文明的试验进行到目前为止时间很短，这就并不是没有能力的令人信服的证据，可能只是缺少机会或缺乏激励的结果。 再来看环境理论。 当然，下尼罗河流域与底格里斯—幼发拉底河下游在自然环境上有着明显的类似，它们分别是埃及文明和苏美尔文明的发源地；然而，如果这种自然环境真是这些文明出现的原因，那么为什么相似的文明没有出现在自然环境类似的约旦河流域和格兰德河①流域？ 为什么赤道的安第斯高原文明没有肯尼亚高地上的非洲文明来对应？ 这些自称科学但不考虑人的解说，其无效性促使我转向了神话。我的这种转向相当自觉而羞愧，它似乎是一种很恼人的倒退。1914 年至 1918 年战争期间心理学开辟了新领域，如果我当时对此有所知晓的话，我可能不会那么缺乏自信。 如果我当时熟悉荣格的著作，它们会给我一些启发的。 我实际上是在歌德的《浮士德》中找到了启发。 如同埃斯库罗斯②的《阿伽门农》一样，我很幸运地在学校时就精读了它。

歌德的“天堂序曲”以大天使对上帝创造完美的赞歌而开始。 然而，正因为上帝的创造是完美的，所以创造者也就使自己再没有任何空间来使用创造能力了。 如果不是有梅菲斯特③的话，这个僵局恐怕难以打破。 梅菲斯特就是为这个目的而创造出来，他将自己置于王座之前，挑战上帝能否给他以

① 格兰德河(Rio Grande)，是墨西哥和美国之间的界河。 ——编者注

② 埃斯库罗斯(Aeschylus，约公元前 525—前 456)，古希腊悲剧诗人，代表作有《被缚的普罗米修斯》、《阿伽门农》等。 ——编者注

③ 梅菲斯特(Mephistopheles)，歌德《浮士德》中魔鬼的名字。 ——编者注

自行决定权来作恶；如果能够，那么创造者的一个选择也就显示出来了。上帝接受了他的挑战，从而也就赢得了一个机会 12
来推进自己的创造工作。以挑战和回应的形式，两种个性相遇，我们在这里见到的不正是燧石与铁片相碰，撞出的创造性的火花吗?

在歌德对《神曲》情节的阐述中，梅菲斯特作为魔鬼生来就是骗子，这揭示得太迟而让他厌烦。然而，如果作为对这个魔鬼挑战的回应，上帝真诚地将他的创造成果置于危险之中，所以我们必须假定上帝这样做是为了赢得一个创造新物的机会，那么我们也不得不假定魔鬼并非总是失败。因此，如果挑战与回应的机制可以解释用其他思路难以解说和不可预知的文明之起源和发展，那么它也可以解释文明的崩溃和瓦解。我们所知文明的大部分看来已经崩溃，这大部分中的大部分在那条终结于瓦解的下行之路上走到了终点。

我们对死亡文明的死后考察，并不能使我们对自己的文明或任何仍然活着的其他文明进行占星预测。在斯宾格勒这里，为什么连续的刺激挑战不会遇上连续的胜利回应，如此无限持续下去？他并没有给出理由。另一方面，当我们对那些死亡文明分别走过的从崩溃到瓦解的道路进行经验主义的比较研究时，我们看来找到了斯宾格勒所言一致性的某种尺度。无论如何，这也并不令人吃惊。由于崩溃意味着失去控制，那么反过来则意味着自主已经失效而进入到自动过程。自主行为有着无限变化，根本上不可预测；而自动过程则倾向于一 13
成不变和整齐划一。

简言之，社会瓦解的常规模式是这个正在瓦解的社会分裂成为一个拒不服从的下层与一个越来越不能有效统治的少数阶层。这个瓦解过程并非均匀展开，有着暴动、恢复、再暴动，交替痉挛而颠簸。在最后那次恢复中，统治的少数阶层通过把统一政权的和平强加于社会之上来成功地暂时阻止社会的自我撕裂。在少数阶层统治的这个统一国家的框架内，下层会创造统一的教会，在接下来的暴动之后——在这次暴动中，这个瓦解中的文明终于解体了，那个统一的教会可能成为一个蝶蛹，一种新的文明最终由此而出现。对于现代西方历史学者而言，这些现象在希腊—罗马的“罗马和平”和基督教会的例子中是再熟悉不过了。奥古斯都建立的“罗马和平”，当时看来是把希腊—罗马世界放回到坚实的基础之上，此前它因连续的战争、恶政和革命而遭受几个世纪的打击。然而，奥古斯都的恢复最终被证明不过是一个缓解而已。在250年相对安定之后，罗马帝国在公元第三个世纪崩溃，再也没有完全恢复过来，在发生于5世纪和6世纪的下一场危机中，它不可挽回地瓦解了。暂时的“罗马和平”的真正受益者是基督教会，这个教会抓住这个机会来扎根和传播。罗马帝国一直以迫害来激励它，直到不能粉碎它而终于决定与它合作。然
14 而，即使是这样的一种加固也未能使帝国免于毁灭，基督教接手了罗马帝国的遗产。衰退的文明与上升的宗教之间这同样的关系，在其他十几个例证中都可以看到。比如，在远东，秦汉帝国就扮演着罗马帝国的角色，而大乘佛教就相当于基督教会。

如果一个文明的死亡不过是带来另一个文明的诞生，那么初看起来，充满希望和令人兴奋的人类努力目标，最后不就变成异教徒们徒劳重复的沉闷循环吗？即使是那些最伟大的希腊和印度哲人与智者——如亚里士多德和佛陀——也都视历史

进程的这种循环观为理所当然而完全接受，他们认定这就是真实而没有想到要去验证。另一方面，马里亚特船长①在把这同样的观点讲给英国皇家海军“响尾蛇”号的木匠听时，却带着同样的确信而认为这种循环理论是一种狂妄，他把亲切讲解这种观点当成取笑对象。对于我们的西方人而言，如果认真对待历史循环观的话，会把历史降低为一个白痴讲述的故事，毫无意义。然而，单纯的反感本身并不能为不费力的不相信提供理由。基督教传统的对地狱之火和最后审判日号声的信念也令人生厌，但它们仍然被一代又一代人所信仰。我们西方人之所以幸运地完全拒绝希腊和印度的这种循环信念，要感谢犹太教和琐罗亚斯德教对我们世界观的那些贡献。

在以色列、犹太和伊朗先知们的视野中，历史不是循环，也不是一个机械的过程。它是发生在这个世界的狭窄舞台上的一个熟练和不断向前推进的神圣计划，我们只能在匆匆一瞥中得到其吉光片羽的呈现，但其每个方面都超越了我们人类的 15
视野和理解力。而且，先知们通过他们自己的经历预告了埃斯库罗斯的发现：苦难带来认知——我们在我们的时代和环境中也得出了这一发现。

那么，我们是不是就选择犹太—琐罗亚斯德教的历史观来对抗希腊—印度的看法呢？我们其实不一定非要做出这样一种非白即黑的选择，因为这两种观点也许在根本上并非不能协调。无论如何，如果一辆车在驾车者安排的那条路上前行，车轮也就必定是没有变化地一圈圈转下去。文明兴起又衰落，一个文明的衰落又导致了其他文明的兴起，此间，一个有

① 马里亚特船长(Captain Marryat, 1792—1848)，英国皇家海军军官，小说家。——编者注

着目的的、超过了这些文明的事业，就这样取得进展。在一个神圣计划里，因文明失败所导致苦难而得来的认知，会是进步的至高无上的手段。亚伯拉罕①是来自一个处于危急状态的文明的流亡者，先知们是另一个瓦解的文明的孩子，基督教因瓦解之中的希腊—罗马世界的苦难而诞生。当年那些犹太流亡者在痛苦流亡中，巴比伦河水向他们显示了那么多的精神启示；在我们这个时代，相当于那些犹太流亡者的“无家可归者”们，是否也会得到一些类似的启悟？找到这个问题的答案，无论它是什么，都会是一个伟大的启示，它比我们无所不包但其命运仍然神秘莫测的西方文明的命运要更为重要。

① 亚伯拉罕(Abraham)，基督教圣经里面的一个人物，据说是希伯来人的始祖。——编者注

历史的现状 16

基督纪元1947年人类处于何处，这个问题无疑涉及世界各地的这整整一代人。但是，如果就此问题进行一个世界范围的盖洛普民意测验，答案一定歧见纷出。人多无疑意见多，但我们也必须同时询问自己一个问题：我们这个问题要问谁？比如，现在这篇文章的作者是一个58岁的英国中产阶级，显然，他的国籍、他的社会环境和他的年龄，这些在很大程度上决定了他看待世界全景的观点。事实上，如同我们每个人和我们所有人一样，他或多或少也是历史相关性的奴隶。他能宣称拥有的唯一个人优势就是他碰巧是个历史学家，所以他至少能意识到他自己是一片有感知的漂浮物，漂浮在时间之流的漩涡表面。认识到这一点，他就知道自己对流逝场景的瞬间观看和碎片观看，其实是对那位测量者手中海图的讽刺。唯有上帝知道真正的全景图画。我们单个人不过是黑暗中的射手。

这个作者的思绪回到了五十年前，1897年伦敦的一个午 17

后。他和父亲坐在舰队街的一个窗户旁，看着加拿大和澳大利亚骑兵部队的队列行进，他们前来庆祝维多利亚女王登基六十周年钻石大庆。他还记得自己看到宏大的“殖民地”军队——当时英国还这样称呼它们——那些不熟悉的独特军装时的兴奋：耷拉的帽子替代了铜盔，灰色的束腰外衣代替了红色军装。对于一个英国儿童来说，这个景象让人有世界上存在着一种新生活的感觉。一位哲学家或许会沉思：哪里有生长，哪里就可能有衰败。一位诗人看到这景象，事实上也会被吸引，并表达一种类似的暗示。然而，1897 年在伦敦观看这些海外军队队列行进的英国人群中，很少有人会是吉卜林[1]《退场赞美诗》(Recessional)中的那种感受。他们看到的是他们的太阳正处于顶点，并认为它会永远如此，甚至用不着他们说那句约书亚曾在一个著名场合说出过的具有神奇力量的口令。

《约书亚书》第 10 章的作者至少意识到了时间的静止不动是一件异常之事。“在此之前和在此之后都没有这样的一天，这一天主在侧耳倾听一个人的声音。”然而，1897 年的中产阶级英国人——他们认为自己是生活在科学时代的威尔斯式的理性主义者，却把他们想象的奇迹视为必然了。他们看到这一点时，对他们而言，历史已经结束。对外关系而言，1815 年的滑铁卢战役标志着结束；内政而言，其标志是 1832 年的《大改革法案》；就帝国事务而言，则是 1859 年对印度暴动的平定。他们大有理由来庆祝自己处在这样一种永恒的幸运状
18 态，历史的结束将这幸运授予他们。“在可喜悦之处，幸福降

① 吉卜林(Rudyard Kipling, 1865—1936)，英国小说家、诗人，生于印度孟买，对印度的风土人情及英国殖民者在印度的生活有相当透彻的了解。——编者注

临到我这一代；是的，我有丰厚的遗产！”

从公元1947年这个已经有利的历史观察点来看，这种世纪末中产阶级英国人的错觉显得非常愚蠢，然而当时其他国家的西方中产阶级都是这种感觉。比如，在美国北方，对于中产阶级来说，随着在西部的胜利和内战中北方的打赢，历史已经走向结束；在德国，或者至少是在普鲁士，对于中产阶级来说，随着打败法国和1871年德意志第二帝国的建立，同样的永恒圆满也达到了。对于五十年前西方中产阶级的这三部分人来说，上帝的创造工作已经完成。“啊，观看着它是何等美好！”然而，即使是在1897年，英国、美国和德国的中产阶级，他们之中有人主宰着这个世界的政治和经济，但他们在数量上只是这一代人中极小的部分。海外还有其他的人，他们不这样看，尽管他们可能无力，不能清晰地表达。

比如在美国南方，以及在法国，1897年有许多人赞同他们最近的征服者，历史已经走到结束，死者中间再也出不了邦联私党，阿尔萨斯—洛林也再不能恢复。然而，这种让优胜者如此满足的终结之感，却没有温暖一个战败民族的心灵。对于他们来说，这就是噩梦。奥地利人仍然因他们1866年的战败而剧痛。要不是在一个帝国内——这个帝国的疆域由俾斯麦完整保留下来——潜在民族性开始活跃的话，他们也会是这同样的噩梦感觉，奥地利人会觉得历史又一次地动了起来，而 19
且可能会有比克尼格雷茨战役更糟的打击在等着他们。此时的英国自由派的确在自由地谈论——得到了允许——对奥匈臣属国和巴尔干地区将要进行的解放。然而，尽管有着地方自治的幽灵和“印度骚乱”的冲击，但他们却没有想到，在东南欧，他们正遭遇政治清算进程的第一批征兆，而且它们正在传播，在他们的有生之年会传到印度和爱尔兰，并会不受抵抗地传遍全世界，除了哈布斯堡王朝外，还会瓦解其他的帝国。

事实上，在世界各地，尽管此时尚未显现出来，但已经有一些民族和阶级如法国人和美国南方人一样，对最近这一把历史之牌非常不满，他们很不愿意承认游戏已经结束。那些被征服的民族，那些被压迫的阶级总共有千百万！他们之中包括当时俄罗斯帝国的整个广大人口，从华沙到符拉迪沃斯托克。波兰人和芬兰人决定要赢得自己的国家独立，俄罗斯农民决定要赢得对更多土地的拥有——1860年改革给予他们的是那么微小的一块；俄罗斯知识分子和商界人士梦想有一天能够通过议会制度来统治自己的国家——在美国、英国和法国像他们这样的人早就如此做了；年轻而又弱小的俄罗斯工人阶级已经因糟糕的生活条件转向了革命思想，虽然这生活条件可能比
20 19世纪早期曼彻斯特工人们的还好一点。当然，英国的工人阶级，由于在工厂采取的行动、工会和选票(迪斯雷利在1867年给予他们选举权)，从19世纪开始已经明显地提高了自己的地位。然而，他们在1897年不能也没有回顾1834年的《济贫法》，而中产阶级却回顾了1832年的《改革法案》。历史的最终之语是智慧和慈爱的。他们并不革命，而是站在宪法的尺度上，决心让历史的车轮转动起来。对于欧洲大陆工人阶级而言，他们是能够走极端的，如同1871年巴黎公社在一种不祥的电闪中表现的那样。

说到底，想要变化的深切愿望，决心用这种或那种手段带来变化，这在失败者以及那些贫困的阶级和那些被击败或未解放的民族中间并不令人吃惊。然而，有一点很奇怪，如同1914年一样，普鲁士军国主义者们还会把事情搞乱(如同德

国、英国和美国的中产阶级一样，他们事实上并无多少可去获取，但有很多会失去)，他们有意要再次打开并未安全关严的历史之书。

甚至早在1897年，一位社会地震学家就能够探测到那些地下的运动，他把他的耳朵贴近地面，深入解释那些隆起和爆发，它们标志着过去半个世纪中历史强大破坏力行进的重新开始。今天，在1947年，五十年前在火山口旁无忧闲坐着的西方中产阶级，正在遭受的类似于此前的一场磨难——100年到150年之前的那场磨难——曾由世界主宰的战车强加给了英国工人阶级。这就是今天中产阶级的处境，不仅是在德国、法
国、低地国家、斯堪的纳维亚和英国，而且某种程度也是在瑞 21
士和瑞典，甚至是在美国和加拿大。现在，所有西方国家中，西方中产阶级的未来都成了问题，而结果并不仅仅是直接受影响的那很小一部分人关心的——西方中产阶级只是很小的一部分，然而他们是活跃因子，在近代已经发挥潜移默化的影响，从而创造了现代世界。创造物能够活过它的创造者吗？如果西方中产阶级垮掉，它会在自己的崩溃中带倒人类之屋吗？不管对这个重大问题的答案是什么，有一点很明显：这部分关键少数人的危机，不可避免也是世界其他部分的危机。

遭受挫折和“迎难而上”从来都是对人的一种考验，但在平静日子的全盛之时逆境不期而至，这就更是严峻的考验了，人们原来昏庸地以为全盛日子会持续终生。在这样的困境中，与命运搏斗者就可能想到去寻找怪物和替罪羊，以推卸自己的责任。然而，在逆境中“推卸责任”反而更加危险，倒不如鼓励自己成功终将到来。在1947年这个分裂的世界，共

产主义和资本主义都在朝对方使用这种隐伏的计谋。任何时候只要情况变得扭曲而难以措手，我们就倾向于指控敌人在我们这边播种了有害之物，而这也就是间接地指责我们自己未能尽到耕作之责。当然，这样做已不新鲜。在共产主义远未出现的多少个世纪之前，我们的祖先就在伊斯兰教中找到了他们的对立面。如同共产主义在20世纪一样，迟至16世纪时，伊斯兰教仍在西方心灵中激起了同样激烈的反应，本质上这是同
22 样的原因。如同共产主义，伊斯兰教也是一种反西方运动，与此同时也是一种西方信仰的异端版本；如同共产主义，它也挥舞一把精神之剑，对此物质的武器无法对抗。

今天西方对于共产主义的害怕，并不是我们面对纳粹德国和军国主义日本时感觉的那种军事侵略的害怕。无论如何，美国以其工业潜力上的压倒性优势和对原子弹技术的垄断，使苏联的军事进攻现在对它无能为力。对于莫斯科而言，如果想这样做也纯粹是自杀，并无证据表明克里姆林宫想做这种蠢事。让美国如此跳脚的共产主义武器(相当奇怪，较之防御较差的西欧国家，美国倒是对这种威胁回应得更为神经质)，就是宣传的精神引擎。共产主义的宣传知道如何去展示和夸大我们西方文明中丑陋的一面，知道如何将共产主义展示为西方男女中那些不满者所渴望的另一种生活方式。对于既非共产主义者亦非资本主义者，既不是俄罗斯人也不是西方人的大多数人，在争取他们的信仰上，共产主义也是一个竞争者。这些人现在生活在这两种竞争意识形态对立城堡之间那片不稳定的无主之地上。不属于任何一派的人和西方人都处在被今天共产主义攻陷的危险之中，就如同他们400年前攻陷了土耳其一样。尽管如同资本主义者一样，共产主义者也处于被对方

攻陷的类似危险之中——这方面有一些轰动的例子——相互竞争的巫医害怕自己的药，也害怕对方的药，但这个事实无法缓解局势的紧张。

对手以暴露我们的缺陷来威胁我们，而不是强力掩盖我们 23
的长处，这个事实证明他向我们提出的挑战根本上不是来自于他，而是来自于我们自己。事实上，这来自晚近以来西方人在技术上控制非人类自然力量的巨大增长——西方人在专门技术方面的惊人进展。正是这些使我们的父辈变得自欺欺人。对于他们来说，历史已经安然终结。通过这些机械装置上的巨大成就，西方中产阶级得到了三个意料之外的结果，这是史无前例的，他们积累起来的动力又让世界主宰之车带着复仇之心重新转动了。我们西方的技术已经名副其实地统一了整个世界——地球上全部可居住和可穿越的表面。它激发了战争和阶级这两个东西——它们是文明的先天疾病——使它们成为绝命之症。三重预计之外的收获向我们提出了一种确实强大的挑战。

5 000 或 6 000 年之前，当最早的文明超越原始人类的生活水准而出现时，战争和阶级就一直跟随我们，并且总被人们深深地抱怨。现代西方历史学家所知的 20 个左右的文明，除了我们自己的，其他的看来都已死亡或是垂死。当我们对这些或是濒临死亡或是已经死掉的情况进行诊断时，总会发现致死的原因不是战争就是阶级，或者是这二者的某种混合。迄今为止，这两种足够危险的灾祸在一块儿已经杀死了人类社会晚近进化出来的这 20 个代表中的 19 个。然而，到目前为止，在这些蹂躏的致命打击下还有一种可挽救的底线：它们虽然能够
毁灭个体人类，但却不能摧毁人类本身。文明来了又走，但 24

文明(大写的“文明”)却每次都前仆后继，用新的文明标本让自己再次展现出来。尽管战争和阶级带来了巨大的社会蹂躏，但它们尚不是什么都吞噬。当它们击碎一个社会的上层时，它们通常阻止不了或多或少未受损害的社会底层幸存下来，并在阳光、空气的沐浴下，绽放春日之花。过去的情况是，当一个社会在世界某地崩溃时，它并不必然拖曳其他社会和它一起倒下。公元前 7 世纪时，中国的早期文明崩溃了，但这并没有阻止同时代处在旧世界另一端的希腊文明继续上升至其顶点。当希腊—罗马文明最终因战争和阶级这双重疾病在基督纪年的第 5、6 和 7 世纪进程中死去时，也没有阻止这 300 年中一个新的文明成功地在远东诞生。

为什么文明不能在一条痛苦、衰落但并非彻底灭亡的路上失败一次又一次，蹒跚前行呢？毕竟最初的几千年它一直这样走着，答案就藏在现代西方中产阶级晚近的技术发明之中。利用自然力量的那些小玩艺并未改变人类的本性。战争和阶级是人性的丑恶一面——或者说是神学家们所说的原罪——在我们称为文明的社会制度中的社会反射。个体人类之罪的社
25 会效应并不因晚近以来我们科学技术的惊人进步而消除，但也不会不受这种进步的影响。它们非但没被消除，而且如人类生命的其他部分一样，在物质潜能方面受到极大鼓舞。阶级现在已能够不可挽回地分裂社会，战争则能够消灭整个人类。此前仅仅是可耻和痛苦的战争，现在则变得无法忍受和致命。所以，我们在我们这一代人的西方化世界中，就面对一种替代的选择。过去其他社会中的统治因素总是能够逃避这种替代选择，这必定给他们自己带来可怕的后果，但并未付出结束人类在这个星球上历史的极端代价。所以，我们就面临着一种

我们前人从未必须面对的挑战：我们必须在痛苦中消除战争和阶级，而且是现在就消除它们。如果我们畏缩或者失败，让它们战胜了人类，那么这一次将是决定性和最后的。

西方头脑早已知晓了战争的新属性。我们知道原子弹和我们许多其他新的致命武器在另一场战争中能够彻底摧毁的不仅是交战对方，而且是整个人类。不过，阶级之恶又如何因技术而得到增加呢？技术不是早已明显提升了生活的最低水准——至少在那些特别有效率或特别幸运、能够得到大自然厚赠，并且避免了战争蹂躏的国家不是如此吗？我们能不期待这种最低生活水平快速提升至那么高的一个程度，使人类中的大部分能够享受它吗？这样，即使更有特权的少数人仍然有着更多的富裕，但也就不再是导致强烈妒忌和不满的一个原因。这种推论思路的问题在于它没有去考虑一个至关重要的 26
事实：人并不是单靠面包来活着的。不管物质生活的最低生活水平有多高，这并不能替代一个人精神上对社会正义的要求。由于西方人晚近的这些技术发明，世界财富在特权少数人与贫困多数人之间的不平等分配，已经从一种不可避免的邪恶转变为一种不可忍受的不义。

当我们从审美角度欣赏大金字塔的惊人石艺和建筑，或者是图坦卡蒙①墓中室内用品和珠宝的精美绝伦，我们的心中会有一种冲突：一方面是我们对人类艺术有如此成就的骄傲与愉悦，另一方面则是对为这些成就所付出的人类代价的道德谴责。多数人被不义地强加上苦难劳作，来为少数人的专享愉悦制作这文明的精美花朵，这些少数人却不劳而获。在晚近

① 图坦卡蒙(Tut-ankh-Amen，公元前 1341—前 1323)，古埃及法老，19 岁暴亡，他的墓葬于 1922 年被发现并挖掘，震惊了西方世界。——编者注

这5 000、6 000年中，这些文明的主子夺走了他们那些奴隶在社会共同劳动果实中的份额，其冷酷无情如同我们从蜜蜂那里夺走它们的蜜。这种不义行为的道德丑恶玷污了这些艺术成果的精美。然而，直到今天，文明的少数特权享有者仍有一套平淡无奇的常识性说辞为自己辩护。

他们会这样辩解：这是一种选择，或者是文明的果实供给少数人，或者是压根儿没有果实。我们掌控自然的技术进步严重受限。我们能够支配的人力和劳动都不充足，只能够生产出很少量的舒适。如果我仅仅因为你也不能全部得到它们
27 就自己也拒绝，那我们就只有关门大吉，让人类本性中最精美的一种天赋锈蚀，用一块餐巾埋葬。是的，那样做无疑不符合我的利益，但从长远观点来看也肯定不符合你们的；因为我并不是为了自己的好处而独享对舒适的这种垄断，我的享受至少部分是代理的；以你们作为代价让我得到放纵，我在某种意义上也是一个为了全人类所有后代的受托者。这样的辩解似是而非。在我们这个技术正在发展的西方世界中，晚至18世纪算起，在最近这150年中①，我们前所未有的技术进步已使这样一种辩解在今天无效。在一个已经发现了阿玛耳忒亚(Amalthea)丰饶角之奥秘的社会中，世界财富分配上惯常的丑恶不公不再是一种现实的不可避免，而是变成了一种道德上的暴行。

所以，困扰和摧毁了其他文明的这些问题现在摆在了我们今天的世界中。在一个由两个超级强大的国家分割的世界中，我们发明了原子武器。美国和苏联分别代表两种对立的意识形态，它们的对立是如此极端，从现在的情况看来是水火

① 本书成于1948年。——编者注

不容。在这么一个危险的时代，我们自己的手中就握有生存
或死亡的选择，这不仅是为了我们自己，也是为了整个人类。
我们该沿着什么道路来寻找拯救之法呢？如同每每发生的情
况一样，拯救或许就在于找到一条中间道路。在政治学中，
黄金办法就是既不放纵地方国家的主权，也不纵容中央集权的
世界政府的专制；在经济学中，则是既不放纵私人企业，也不
全搞社会主义。如同西欧一位中年的中产阶级观察家看待今 28
日世界：拯救既不来自东方，亦非来自西方。

在基督纪元 1947 年，美国和苏联是当代人类巨大物质力量的选择性体现。“他的量带遍及天下，他的言语传至地极”，然而，在这些扩音机的喇叭口处，人们是听不到那些仍然弱小的声音的。我们的启悟可能仍然要由基督教和其他较高宗教的预言告知，拯救的言语和行动可能来自意料之外的地方。

29 # 历史会重演吗?

历史会重演吗？ 18、19世纪时，这个问题在我们西方世界常常作为学术训练而受到争辩。我们文明当时所享受的这段幸福康乐那般耀眼，使我们的祖辈们产生了一种奇特的虚假观念：他们是“与其他人不同”的。于是他们相信我们西方社会可以免于陷入某些错误和灾祸中，这样的错误和灾祸已导致了其他一些文明的毁灭，那些文明历史的开端与终结众所周知。对于我们而言，在我们这一代，这个老问题相当突然地有了一种崭新而又非常实际的意义。我们突然意识到一个真相(人们会想，我们怎么会一直对它视而不见呢？)：西方人及其成就其实也如现在已经灭绝的阿兹特克、印加、苏美尔和赫梯文明一样脆弱。所以，我们今天就带着某种焦虑来寻找过去的经典，想发现它们之中是否有我们可以理解的教益。关于我们自己的前景，历史给了我们任何启示吗？ 如果给了，那么它的分量是什么？ 它是否为我们讲述了一种不可避免的
30 厄运？ 对此我们只能合手等待，放弃而已吗？ 对于一种我们

以一己之力不能避免甚至不能改变的命运，我们只能这样了吗？ 或者说对于我们自己的未来历史，所告知的不是确定性，而是或然率，或者仅仅是可能性。 它们实际上的差别很大。 如果是第二种情况的话，我们就必须从至今还晕乎乎的消极中惊醒，奋起行动。 基于第二种选择，历史的教益就不像是一位占星家的占星预测，而像是一位航海家的海图，它让有智慧使用此图的航海家有更多的希望来避免海难，这样远远胜过盲目航行。 只要他具有本领和勇气去使用，这图就能帮助他找到礁石和暗礁之间的航道。

不难看出，在我们试图回答问题之前，需对问题进行界定。 当我们询问自己“历史会重演吗”，是不是只是指“历史在过去是否常会重演”，或者我们是在询问历史是否受制于一些神圣的法则，这些法则不仅在它们适用的过去的每一个事例中起了作用，而且也注定要在未来可能出现的每一个类似情况中发挥作用。 如果是第二种解说的话，“会”就意味着“必然”；如果是另一种解说的话，“会”则意味着“可能”。 关于这个问题，笔者完全可以马上把话挑明。 在对人类生活之谜的解读中，笔者不是一个宿命论者。 他相信凡是有生活的地方就有希望，所以，有着上帝的保佑，人就是他自己命运的主人，至少在某些方面某种程度上如此。

然而，这个含糊的“会”字导出了自由与必然，一旦我们取了某一方，我们就会发现我们又得去界定“历史”一词的含义。 如果我们必须把历史领域限定为那些完全在人类意愿控 31
制之中的事件，那么无疑，一个非宿命论者是欣然接受的。 但这样的事情真的总会在实际生活中发生吗？ 以我们的个人经验，当我们做决定时，我们不是总会发现自己只有部分自由，另外的部分则受制于我们生活和社会与自然环境中的过去之事与目前的情况吗？归根到底，历史自身不就是整个宇宙在时空四维框架内运动的一种显现吗？在这幅包括一切的全景之中，难道不是有很多事情，即便是人类意愿自由最坚定的相信者也会承认——如同最彻底的宿命论一样，是必定重复而大可预测的吗？

这种无可争议的可预测复发之事，有一些对于人类事务可能没有什么明显的指向，比如银河系外星云的历史重复。不过，自然界中也有一些非常明显的循环运动会以一种最为亲密的方式影响人类事务，比如可以预测的日夜和四季的周而复始。日夜循环支配着所有人类的工作，它决定了我们城市运输系统的安排，决定了交通高峰时段，加重了上下班人们的精神负担，他们每 24 小时两次穿梭于“住宅区”与“工场”之间。四季的循环则通过控制我们的食物供应支配人类生活本身。

的确，人类通过运用思维，可以从这些自然循环中获得一
32 定程度的自由，这是鸟兽做不到的。尽管个人无法打破日夜循环的专制，无法像传说中的埃及法老门卡乌拉那样 24 小时不睡觉，但人类社会却可以通过有计划的合作和劳作的分工从而集体性地实现门卡乌拉的神话壮举。工厂可以通过工人换班夜以继日 24 小时运作，白班工人的工作可以由白天休息的夜班工人来接续。同样，四季循环的严酷也已被从北温带扩展至热带和南温带的西方社会制冷技术所打破。然而，尽管人类头脑和意愿对白昼和四季这两种自然专制循环的胜利相当引人注目，但对于人类的自由而言，这还是相对较小的收获。整体而言，即使有着如今西方人的技术水平，自然界这些可以

预测的重复之事仍然统治着人类生活，它们把人类事务置于自己重复、可预言的模式范围内，在这之中它们就是主人。

也许在其他的活动领域中，人类行为能够不——或许说不这么彻底地——受制于自然控制呢？ 让我们以一个熟悉的具体例子来考察这个问题。 1865 年 4 月的最后几天，在月初还是北弗吉尼亚军团骑兵和炮兵役畜的那些马匹成为了一些人的耕畜，而这些人在月初还是李将军①的骑兵和炮兵。 这些人 33
和马又开始从事每年一次的农事循环，这事他们以前已经从事过很多次了。 在欧洲人发现新世界之前他们的祖先在旧世界以及在我们西方社会诞生之前的其他社会中，都曾年复一年地如此从事，过去的 5 000 或 6 000 年中一直如此。 犁的发明与我们称为文明的这种社会是同时代的。 同样受制于四季循环的前犁时代农业方式，在预示着文明日出的新石器时代黎明之前，很可能也持续了同样的时间长度。 1865 年的这个春天，北美这些前联邦州中的农事，严格地受到四季循环的支配。拖延几周，耕种就会太晚，带来灾难性的后果，对于共同体来说，这些马和人为生产整整一年粮食所做出的努力就会白费。

所以，1865 年 4 月的最后几天，北弗吉尼亚原来军团中的这些马和人就在从事一种历史性的行为——春耕，它是在重复自身，到那时为止，至少有 5 000 次或 6 000 次左右，而且在 1947 年仍重复着(这一年，笔者在肯塔基看到了春耕，注意到由于 4 月中旬大雨中断了春耕，农民有些焦虑)。

然而，不是在 4 月末，而是在 4 月初，李将军的马和人会创造什么历史呢？ 如同往复耕种明显又密切地依赖着自然可

① 李将军(Robert Edward Lee, 1807—1870)，美国南北战争中，南方联盟的总司令。——编者注

34 预测的周期循环而重复自身一样，美国内战最后行动所呈现的历史，是一种重复的历史吗？ 我们这里是不是面对着一种多少独立于自然循环并可以推翻它的人类行为？ 设想李将军在1865年6月前没有发现自己必须认输；或者设想李将军认输了，但格兰特将军①没有被打动并做出他那著名的让步，反而坚持刚刚达成的投降条件的条款，不允许刚刚放下武器的南军士兵带着他们的马回到农场；人为改变这两种对历史事件实际过程的假设，难道任何一种都不会阻止历史在1865年这些春耕的南方州中重演吗?

我们现在所考虑的历史领域，曾经被作为历史的全部内容，那时经济史和社会史的大门还没有开启。 在这个战斗与政策、军官与国王的老式领域，历史是否如同那些明显受自然运动循环支配的人类活动领域，也被证明在重复呢？ 比如，美国内战是一个独特的事件吗？ 抑或我们找到了足够相似和类同的其他历史事件，完全可以让我们将美国内战和它们作为一类事件的众多表现来看待，在这些事件中历史至少是某种程度地重复了自己？ 眼下笔者倾向于后面这种观点。

内战在美国历史中显现出来的危机，无疑在很大程度上是同一时期以1864年至1871年俾斯麦战争为代表的德国历史危
35 机的重演。 在这两个例子中，一种不完善的政治联盟受到了完全解体的威胁。 在这两个事例中，联盟瓦解或有效建立的问题，要由战争来解决。 在这两个例证中，有效联盟的那一派赢了，而此派胜利的原因之一都是它的技术和工业优势压倒了对手。 最后，在这两个例子中，联盟事业的胜利带来了巨

① 格兰特将军(Ulysses Simpson Grant, 1822—1885)，美国南北战争后期联邦军总司令，第18任美国总统。 ——编者注

大的工业扩展，它使南北战争后的美国和德意志第二帝国变成了英国的强大工业竞争者。这里，我们又谈到了历史的另一种重复：在大约结束于1870年的这个世纪中，英国的工业革命似乎是一种独特的历史事件，然而，从1870年起，人们渐渐看清了真相，它只是一种经济转型的最早例证，这种经济转型最终会同样在其他西方国家和一些非西方国家中发生。而且，如果我们把注意力从工业化的共同经济特征转向联盟制的共同政治特征，就会看到美国和德国历史中重复的这一点，又在第三个国家的历史中重复，这次不是英国而是加拿大。那些构成加拿大的省份于1867年进入它们现在的联邦之中，比美国1865年实际重新建立晚了两年，比德意志帝国于1871年建立早了四年。

在近代西方世界一些联邦的形成以及这些联邦和其他国家的工业化中，我们看到历史在重演：同一种人类成就将会出现若干或多或少为同一时代的范例。然而，这些不同例子的同 36
时代性只是近似。工业革命作为一种显然独特的事件出现在英国，至少要在两代人以后，美国、德国才证明它是一种重复的现象。在19世纪60年代那些关键性事件证明联邦是一种重复模式——不仅出现于加拿大，而且出现在澳大利亚、南非和巴西——之前，内战之前不甚可靠地结合在一起的美国存在了“八十七年”，拿破仑战争之后摇摇晃晃的德意志邦联存在了半个世纪。对于人类事务的政治和文化层面上的历史重复而言，同时代不是一个必要条件。那些重复自身的历史事件可能是严格的同时代，也可能在时间上重叠，也可能彼此处在完全不同的时代。

我们转而去考察我们所知的那些最伟大的人类制度和经

历——文明的诞生和发展，它们的瓦解、衰落和倒塌，较高宗
教的创立和进化，仍然也是这样的图景。用我们主观个人的
丈量尺——也就是一个活到正常老年的人的平均记忆长度——
来测量，将我们目前这一代与基督纪元前 4 000 年出现的苏美
尔文明隔开的时间，或者是从基督纪元开始至今的时间，这个
间隔是非常之长的。然而，用客观时间刻度来测量，却是极
小极小。这尺度是由我们的地质学家、天文学家近来的发现
37 提供的。我们现代西方的物理科学告诉我们，人类生活在这
个星球上至少有 60 万年，可能是 100 万年，而生命的存在至少
是 5 亿年，可能是 8 亿年，地球本身的存在可能是 20 亿年。
依据这样一个时间刻度，文明出现的晚近 5 000、6 000 年，较
高宗教诞生的晚近 3 000、4 000 年，不过是一些无比短暂的片
刻，在地球至今整部历史的任何图表上都无法显现、无法标
示。尽管从个人渺小的主观视野放大镜来看，“古代历史”的
那些事件非常遥远，但在真正的时间刻度上来看，事实上它们
与我们一生处于同一时代。

结论看来是如此，直至今天，人类历史的确有时在有意义地重复，即使是那些人之意愿最接近于起支配作用，最少受到自然循环制约的人类活动领域也是如此。不管怎样，我们必须认定宿命论者是对的，看似自由意愿的东西是一种错觉吗？在笔者看来，正确的结论恰恰相反。本人认为，这种在人类事务中表现的重复趋势，是著名的创造机能的一个例证。创造的产出物倾向于成批出现：同一种的一批代表，同一属的一批种。无论如何，不难看出这些重复的价值。如果创造的每种新形式不博采众长，创造几乎不会有任何进步。一位创造者——人或神，如果没有足够的材料来进行大胆而又多产的试

验，用有效的手段来检索不可避免的错误，又怎样来证明他自 38
己呢？ 如果人类历史重复，这也与宇宙的普遍节奏相一致，但在宇宙范围内，这种重复模式的意义就是为了推进创造的工作。 这样来看，历史的重复因素就将作为一种创造行动的自由手段被显示出来，而非暗示上帝和人是命运的奴隶。

关于普遍历史的这些结论，与我们西方文明前景的具体问题有什么关系呢？ 如同我们在此文开头所看到的那样，西方世界相当突然地对自己的未来变得非常忧虑，我们的忧虑是对自己现在身处局势之可怕的一种自然反应。 我们现在的局势的确是可怕的。 以我们已有的知识对历史作一浏览会发现迄今为止，在产生我们西方社会所属的这种人类社会中，历史已重复20次左右，它也显示，除了我们自己这个社会可能是个例外，这种被称作文明的社会的所有其他代表都已经死亡或垂死了。 而且，当我们仔细研究这些死亡和垂死文明的历史时，将它们相互比较，我们就会发现一些看似瓦解、衰落和倒塌过程中循环模式的暗示。 我们会很自然地询问自己，历史的今天这一章是否注定在我们这里也会重复？ 难道这个衰落和倒塌的模式也在前面等着我们，它如宿命，没有文明有望逃
脱吗？ 在笔者看来，对这个问题的回答必须强调否定。 创造 39
一种新的生命表现形式的努力——无论是软体动物的新物种，还是人类社会的新品种，很少或从来不会一蹴而就。 创造不是如此容易的一种事情。 它要通过反复试验的过程才能赢得最后的成功。 相应地，前面那些试验的失败并非注定后面试验也会以同样方式失败，实际上它们是给后面的试验提供了机会来获得成功——可以从苦难中获取智慧。 当然，前面一系列的失败并不必然保证后者的成功，如果妄想有此保证，必使

后者也失败。如果我们西方文明选择进行社会自杀，那什么也不能防止它去追随那些历史先例。然而，我们并非注定要让历史重复，通过我们自己的努力，在这里，我们可以给历史一些崭新的，前所未有的转变，这种可能性对我们是敞开的。作为人类，我们拥有这种选择的自由，我们不能把自己的责任推卸给上帝或自然。我们自己必须肩负起来。这摆在了我们面前。

我们能够得救吗？在政治上，建立一种世界政府的宪法合作体系。在经济上，找到自由企业与社会主义之间的可行妥协(依据不同地方和时代的实际需要而不同)。在精神生活上，将世俗的上层结构放回到宗教的基石上。我们西方世界今天要努力去找到朝向这些目标的道路。如果我们能够达成所有这三个目标，我们就可以较有把握地感觉到我们已经为我们文明的生存赢得了当前这一战。然而，所有这些目标都是
40 任重而道远，它需要最艰辛的工作和最大的勇气，这样才能推进这些目标的实现。

当然，关于这三个目标，宗教从长远来看最为重要，但其他两个却更为急迫，因为如果我们在短期内未能做到，我们就可能永远失去获得精神重生的机会。这种精神重生不能就我们之便而招之即来，如果它能来的话，那也只能从一种从容的步伐，需要精神创造的深层潮流流动。

政治任务是所有任务中最为急迫的。它眼下的情况是负面的。我们现在面对着一种前景：由于我们目前的互相依赖和目前的武器，世界现在处于通过这种或那种手段在政治上统一的前夕。我们必须避开武器之力带来的灾难性的统一结局，这种强加的“罗马和平”的熟悉方式对于那些强大政治力

量的决心可能是最不难接受的，我们今天的世界就发现自己处
于它们的铁腕之中。美国和其他西方国家能够通过联合国与
苏联合作吗? 如果联合国组织能够成长为世界政府的一种有
效体系，那对于我们的政治难题几乎是最好的解决方案。然
而，我们必须考虑到这种方式失败的可能性，做好准备，在它
失败后找到一种替换用来落脚。联合国会不打破和平而实际
上分裂为两个群体吗? 设想一下，如果这个星球的整个表面
可以和平地分成美国范围和苏联范围，一个星球上的两个世界
能否以“不合作但无暴力”的关系一起共存足够长的时间，为 41
目前社会和意识形态气候中的差异提供一种渐进减缓的机会?
对这个问题的回答将依赖于我们能否依据现在条件获得所需要
的时间，来实现我们的经济目标，也就是在自由企业与社会主
义之间找到一条中间道路。

这些谜题难以破解，但它们很明白地告诉我们最需要知道的是什么。它们告诉我们，我们的未来在很大程度上依靠我们自己。我们不能单靠无情命运的怜悯。

42 希腊—罗马文明

我将从吉尔伯特·默里(Gilbert Murray)教授提出的观点开始。这个观点是：希腊—罗马世界的手写稿与今天演讲者在电台广播时采用的打字稿没什么不同。如同今天播音员的打字稿，希腊—罗马的“书”是一种可以迅速唤起语词的记忆术系统，而不是我们今天意义上所说的供人阅读的东西，即今天出版者生产的那种普通的印刷册卷。

不过，希腊—罗马世界在它历史的任何时候都并不包括整
个人类。一直有其他世界与它一起存在，这些其他世界中有
43 一些是以极端相反的方式来看待一本书的。比如，在犹太人
所属的叙利亚世界，一本书肯定不会被仅仅视为是一种对人讲
话的助忆术。它被推崇为神的启示话语，是神圣之物，书写
出来的页面上每点东西都有神奇的力量，所以具有不可估量的
重要性。

历史让人好奇的地方之一，就是我们自己研习希腊和拉丁经典的传统方式正是来自犹太人对律法和先知的这种研习方

式。换言之，我们与这些希腊和拉丁书籍打交道的方式，完全不同于它们当年被使用的方式，不同于它们的作者和它们的讲述者在它们被创作出来后打算去使用的方式。

犹太人拉比①研习一本书的方式有一些显而易见、毋庸置疑的优点。一旦一个人钻入这门学科之中，此人的余生就会继续细读精读一切东西，这当然无疑比一个人在去办公室的路上读报纸的方式好得多。这是不应忽略的一课，但并不是从研究希腊—罗马文明中所学到的最后一课。我们不能把自己交给这种有着巨大误导的局限视野，这就是显微镜般钻研圣书或经典的拉比式美德的缺陷。这种拉比式视野有两个缺点。它导致一个人将书视为一种自我封闭的东西，一种静止和死亡的东西，而不是如其所是地将其视为一种材料追踪或人之行为的反射或残骸(因为智力活动是意志力或体力表现、发挥的一种有根据的行为方式)。第二个缺点其实还是同样的，但是在 44
更为普遍或哲学的层面上。拉比的研习方式导致一个人将生活视为书，而不是反过来。反过来的方式——这是希腊人的方式，是不仅就书本身来研习，也把它们当作理解那些写作者生活的关键。

如果采用拉比方式而不是希腊人的方式，由于某个时期的一些著名文献碰巧留存到今天，一个人就得全神贯注于希腊或罗马历史中的这个时期，他的历史视野可能会严重扭曲，因为希腊和拉丁著作某个部分的留存和其他部分的丧失，都是一些人们所知的历史原因决定的，而这些原因本身解决不了一个问题：产生了这些留存著作的这个时期是否就具有历史重要性？

---

① 拉比(Rabbi)，有时也写为辣彼，是犹太人中的一个特别阶层，指接受过正规犹太教育，负责执行教规、律法并主持宗教仪式的人。——编者注

产生了残损著作的那些时期是否在历史上就无足轻重？

为了说清楚，我暂时把留存下来的拉丁书籍放一旁，先来看留存下来的希腊书籍。如果一个人浏览留存下来的希腊书籍的目录，就会发现它们中大部分写于两个不同时期，两者之间大约有三个世纪的间隔。最为著名的——最“出类拔萃的经典”——写于一个时间长度不超过五六代人的时期，它结束于德莫斯提尼那代人(也就是公元前 480 年到前 320 年左右)。然而，还有一些留存下来的著作，它们开始于公元前最后一个世纪，作者有西西里的狄奥多罗斯和斯特拉博。后面这一群
45 希腊留存著作的作者比起前面那一群数量要多些，而且有一些鼎鼎大名者如普鲁塔克、琉善、阿里安、爱比克泰德和马可·奥勒留。大体而言，我们留存下来的希腊文献或是来自“古典”时期，或者来自“帝国”时期。二者之间的“希腊化时代”留存下来的著作要么简短，要么残缺。

为什么是这样？初看起来这种选择显得古怪而武断，但我们恰巧知道这原因。原因就是：希腊—罗马世界在截至公元前 31 年的那四个世纪里已经走向破碎——这一年发生了亚克兴海战，而在奥古斯都这一代，它曾做了一种非常认真也曾短暂成功的努力，要把自身重新聚拢起来。从心理上讲，这种努力带来了一种思乡病，即对现在感觉到的过去的那个黄金时代表示怀念，那时的希腊生活似乎是一件较为幸福较为辉煌的事情，超过了这公元前最后一个世纪。后面这个时代如此感觉的人们在拟古主义中寻找拯救，有意要人工复活当年的快乐、美好和伟大。可以去研究“帝国时期”在宗教和文学方面的这种仿古之风。就文学而言，它导致人们拒绝现代“希腊化”风格，赞美和研究中古的“雅典体”，并无意去保存那

些本身既不是雅典体原作也不是十分现代的新雅典体模拟之作的希腊书籍。

现在，就可以解释为什么我们留存下来的希腊文献几乎就只代表“帝国时期”和“古典时期”，为什么它们中间的“希腊化时期”的文献大部分都没有了。不过，如果是一位历史学家的话，这并不会让他觉得：“那么好吧，希腊化时期不值 46
得研究。”相反，这位历史学家会这样想：“希腊—罗马世界在公元前最后那个世纪，希腊世界在公元前 5 世纪，这二者在快乐、成功和文明程度上的差异，是不同寻常的，简直可怕，因为公元前最后那个世纪的人们也是对的。在二者中间的那个时期，有着极大的退化，有着巨大的退步。这种退步如何发生又为什么发生？”这位历史学家看到了希腊—罗马世界在亚克兴海战之后的奥古斯都时期实现了一种团结，他也看到了此前的破裂开始于四个世纪之前爆发的伯罗奔尼撒战争。对于他来说，最有意思的问题是：公元前 5 世纪时是什么出了问题，而且一直错下去直至公元前最后那个世纪？现在，对这个问题的解答只能通过将希腊和罗马历史作为一个连续的故事、一个不可分割的情节来研究才能得出。所以，从这位历史学家的观点来看，我们传统的课程是有缺陷的。它确保一个人通过阅读修昔底德去研究这个故事的第一章，阅读西塞罗去研究最后一章，但却很少鼓励一个人去研究中间那些章节，因为它们恰巧没有在希腊或拉丁文献任何神圣和权威的“经典”中被记录下来。然而，如果对中间这些章节不管不顾的话，处在这个故事两端的修昔底德和西塞罗章节，就断裂了，成为了一些不成形的残骸碎片，靠着它们既无法重建这艘船的真实构造，也无法复原这次海难的真实情况。

让我们想象一下，假设在我们自己的这个世界历史中也有
47 一种相类似情况。让我们设想下一次战争之后的情况。英
国，还有欧洲大陆都被炸成了碎片，我们的西方文明在它的欧
洲老家差不多被摧毁了，其后果就是欧洲再也没有什么事情发
生。这幅假设的欧洲在20世纪末的图景，显然与希腊在公元
前最后那个世纪的真实图景相吻合。那么，就让我们来假设
我们西方文明的这种“盎格鲁—撒克逊”类型在海外那些讲英
语的国家中设法生存了下来，但四肢不全发育不良并变得野蛮
了。在那之后，我们来设想美国人和澳大利亚人做出了极大
努力来打捞他们世代相传的欧洲文化的残余，尤其是要恢复和
保证他们英语语言和英语文化风格的纯正。那么，在这种情
况下，他们会做什么呢？他们会规定“经典”英语只有莎士
比亚和弥尔顿的英语，他们从此在自己的学校中不再讲授别的
而只讲授这种“经典”英语，在他们的报刊上不再写别的而只
写这种“经典”英语——或者是他们想象中的莎士比亚和弥尔
顿英语。由于生活变得相当低劣和野蛮，图书市场也大大衰
落，他们就会允许其间所有的英语文学作品的出版，包括从屈
莱顿①到梅斯菲尔德②的一切文人。我想，用我们自己的话来
48 说，这种情况与希腊化时期文献发生的情况极其类似，设想一
下，由于某种原因，从王政复辟到后维多利亚都包括在内的整
个英语文化都不足信了，都被忘却了，由此而推论写作了这些
被湮没文献的主体的18世纪和19世纪是我们西方世界历史中
不具重要性的世纪，这明智吗？

---

① 屈莱顿(John Dryden, 1631—1700)，斯图亚特王朝时期英国文坛的“桂冠诗人”、剧作家和批评家。——编者注

② 梅斯菲尔德(John Masefield, 1878—1967)，英国诗人、小说家和剧作家。1930年被任命为英国第22届“桂冠诗人”。——编者注

现在让我们转向拉丁书籍。我请求我的读者将那些拉丁“经典”——尽管我下面将要提出的关于它们的概念初看起来可能相当令人吃惊——理解为“帝国时期”那些留存下来的希腊著述的衍生物，是穿着拉丁外衣的希腊文化的一种版本。现存最早的完整拉丁文献是普劳图斯①和特伦斯②留存下来的戏剧，它们完全是对希腊戏剧的“希腊化”拟作。我要说，在一种相当微妙的意义上整个拉丁文学——甚至包括维吉尔诗歌这样的大师之作——本质上也是将希腊原作翻译成了拉丁版。无论如何，我可以引用所有二流拉丁诗人的作品来说明这一点。的确，这例子是如此老生常谈，我几乎都不敢拿出来。

> 被征服的希腊俘获了它那野蛮的征服者，为粗野的拉丁姆带来了艺术。

我们全都知道这两行诗，我们全都知道它是真的。拉丁文与希腊文的小小语言差异，没有在文化风格上形成分化，在文化史上没有突破。不管怎样，我们自己的现代西方文学是在用十多种不同的地方语言传递——意大利语、法语、西班牙语、英语、德语以及其他，然而，不会有人臆言它们全都是真 49
正独立的文学。如果没有几个世纪以来所有这些现代西方的地方语言之间不断的输出和输入，它们之中任何一个都不会成为或可能成为现在这个样子。但丁、莎士比亚、歌德和其他

① 普劳图斯(Titus Maccius Plautus，公元前254？—前184)，罗马第一个有完整作品传世的喜剧作家，也是罗马最重要的一位戏剧作家。——编者注

② 特伦斯(Terence，公元前195或前185—前159)，罗马共和国的著名戏剧家。——编者注

巨人，他们全都说明着一种文学，一种单一的、不能分割的文学。这些不同语言载体的差异并不重要。我要说，面对希腊文学的拉丁文学，就如同面对意大利文学和法国文学的英国文学。

或者再让我们用另一种方式审视拉丁文学与希腊文学的关系。我们不妨使用波浪的比喻，将希腊—罗马文明理解为一种精神媒介的运动，一种精神能量的散发，它从希腊原创灵感的喷泉涌出，从希腊散发，将它的影响朝四面八方发散，如同波浪的同心圆扩散。如同波浪的特性，它的扩散要穿过阻力，从它的原点传播得越远，它就变得越弱越模糊，直至最终在某一个距离之外消逝。现在，就让我们来看一看希腊文学的波浪从希腊朝外扩散的路径。

开始时，因靠近原点，这波浪十分强大有力，连希腊语言都被携带使用。当吕底亚的克桑托斯在公元前 5 世纪用希腊风格开始著史时，他不仅使用了希腊风格，还使用了希腊语言。而且，从这个方向远至基督纪元 4 世纪时的卡帕多西亚，希腊文学的波浪仍然足够强大，仍然携带希腊语言。拿先斯的格列高利和其他卡帕多西亚人在公元 4 世纪希腊影响的
50 波浪抵达后，被唤醒投身文学活动，他们使用的就是这种外来的希腊语。然而，大约一个世纪之后，当这个波浪传播得更远，抵达叙利亚和亚美尼亚，它就变得非常微弱，不得不把希腊语言放下。现在由叙利亚人和亚美尼亚人写作的文学虽仍在希腊影响之下，但不再使用希腊语，而是使用叙利亚和亚美尼亚的语言。

现在让我们在相反方向追踪这个波浪——不是朝东而是朝西——的行进。当它顺着这个方向抵达西西里时，仍然十分

强大，把西西里本地人的本地语言都冲掉了。就目前所知，西西里没有文化著作是用西西里语言撰写的，就如同小亚细亚没有文化著作是用吕底亚语写成的。在这个短距离内，希腊语言令人无法抵抗。我已经提到了公元前 1 世纪一位用希腊语写作的历史学家——西西里的狄奥多罗斯。这位狄奥多罗斯是地道的西西里人，而不是来到西西里岛的希腊移民。他的家乡阿吉里安是一个位于西西里岛内陆的城市，这里从未有过希腊移民社群。然而，狄奥多罗斯却非常自然地用希腊语写作。同样，在狄奥多罗斯的时代，西西里本地语言中也有希腊文学的翻版，它开始产生伟大的艺术作品。而且，这在更远的地方也会发生。在意大利半岛的拉丁姆，由希腊而来的影响之波已经减弱了。在拉丁姆产生的希腊文学的意大利大陆版本，使用的就是这个国家本地活跃的拉丁语言，而灭绝的西西里地方语言看来和这种语言几乎完全一样。当希腊文学影响之波传播远至拉丁姆，希腊语言在这种西行中就丢失 51
了，仅采用了当地的语言，而保留了希腊风格，如同它东行走到差不多同样远时也采用了叙利亚语言和亚美尼亚语言。

希腊文明作为希腊文化辐射波的这个概念——是一种时空之中的四维辐射，或许还可以由铸币史反映出来。公元前 4 世纪时，马其顿国王菲利普在征服和吞并了旁加优斯山一带之后，就在色雷斯开采了一些金矿和银矿。他使用这些收入发行了大量的钱币。这些钱币不仅足以腐蚀希腊半岛城邦中的政治家，而且朝西北传播进入到欧洲大陆的内地。菲利普的钱币辗转易手，也被一个接一个的蛮族造币厂所仿制，直到这个造币波浪确实穿过了英吉利海峡，传入了不列颠岛。从公元前 4 世纪菲利普最早的发行物，到两三个世纪后英国的仿制品，钱币收藏家们可以收集到几乎一个连续的系列(这个波浪用了几个世纪的时间才传播得那么远)。我们博物馆里有成套的这种系列，我们在文学波浪中已经观察到的特征，在铸币波浪中更为强烈地显现了出来。随着这波浪从它最初的出发地在空间上越传越远，在时间上越传越久，它就变得越来越弱。希腊文学的拉丁版本显然不如希腊原作，同样，在一种怪异得多的程度上，菲利普国王钱币的英国仿造也次于原来的铸币。
52 这个铸币系列中那些最晚近和最遥远的钱币，它们上面的马其顿国王的形象和希腊字符的文字，都退化为没有意义的图案。如果我们不是碰巧拥有这个系列中间的那些样本，我们可能永远都不知道后期这些英国钱币与它们的马其顿范本之间有一条艺术从属关系的线索。一个人不会猜到英国钱币的图案原来是历史地取自围绕着一张人脸的一句希腊文铭文。

在我们放下这个发散的比喻之前，我们还可以提醒自己希腊文明的另一个波浪，它有着不同而更令人吃惊——对我而言是更为有趣——的结果。当一个人观看一张现代日本印刷画或中古中国绘画——时间就从宋朝开始吧，他不会马上想到希腊艺术风格。的确，一个人的第一印象是自己面对的这艺术，与我们自己的艺术相比，与希腊艺术相比是更为不同的。然而，如果我们看一些远东艺术黄金时期——比如说基督纪元的5世纪到13世纪——的艺术作品，我们所做的事情就等于是观看公元前1世纪钱币的那些英国版本。我们可以收集一个连续系列的艺术作品，它在时间上可以从基督纪元的第二个千年回溯，在空间上可以从中国穿过塔里木盆地、阿姆河和锡尔河盆地、阿富汗、波斯、伊拉克、叙利亚和小亚细亚而回溯，直至我们在回溯铸币史时抵达的同一个空间和时间的原点，也

就是说回到亚历山大那一代之前的希腊“古典”艺术。当我们回到这个波浪的起点，一幅日本的佛像就不知不觉地化为一 53
幅希腊的阿波罗肖像。

当然，源自古典希腊终于不列颠的铸币波浪，源自古典希腊但终于日本风景画或菩萨造像的波浪，这二者有一个明显的不同。二者之中，这个系列的最后与开头之间的历史联系，一直到那些中间环节得以填补时才辨认出来。然而，如果用一种数学想象来思考，这两条曲线的特点是颇为不同的。在钱币品种的系列中，我们看到的就是一个简单的退化例证。随着它在空间和时间上与公元前4世纪的希腊渐行渐远，这种技艺逐渐变得越来越低劣。然而，再看那条不是结束于高卢和不列颠而是结束于中国和日本的曲线，两者起点相同。随着“希腊化”时期和“帝国”早期的希腊艺术朝东传播，穿过业已死亡的波斯帝国的尸体，在抵达阿富汗之前，这种技艺也变得越来越庸常、商业和没有生命。然后，一种奇迹般的事情发生了。快速退化的希腊艺术在阿富汗与另外一种由印度朝外辐射而来的精神力量相碰撞，这就是大乘佛教。退化的希腊艺术与大乘佛教结合起来，产生了一种独特鲜明和高度创造性的文明——大乘佛教文明。它朝东北方向传播，穿越亚洲，变成了远东文明。

这里，我们偶然发现了这些精神辐射波浪的一种精彩性质。尽管它们朝外扩散时的自然趋势是弱化，但如果有两个 54
波浪从两个不同的中心朝外扩散，正好相遇碰撞而结合，那么这种弱化趋势就可能被克服和抵消。一个希腊波浪与一个印度波浪的结合，就生成了远东的佛教文明。当然，同样的奇迹还有另外一个我们熟悉得多的例子。还是这个希腊波浪，它与一个叙利亚波浪相结合，正是这种结合生成了我们西方世界的基督教文明。

关于波浪扩散的比喻就讲这么多了。这是一种有启发的审视文明之历史的方式——但只是在一定程度上。如果我们用得过分，在获得了要旨之后还不放下它，它就可能变成一种障碍，使我们不能看得更远。比喻性地将无生命性质的过程应用于生命的描述，尤其是人类的生命，在今天可能格外危险，这正是因为如今这样做很流行。不久之前，这种危险还是来自相反的做法。我们曾经拟人化地思考无生命性质的过程，物理科学的进步因此受到了严重的阻碍，直到这种看待物理性质的拟人化、神话式的习惯被打破。我想，我们是很有效地打破了它。在我们的物理科学中，如今对那种“感情误置”已经有了深深的戒备。但是，我们从“感情误置”中解脱出来，也许又无意识地掉入了与之相反的“无情的谬误”——它也是谬误。由于它感觉和听起来“科学”，加之科学在今天享有的声望，于是我们就倾向于像谈论木棍、石头一样来谈论和思考有关的人的问题，生命似乎只是辐射流或质子与电子的
55 聚合。这也许是一个方便的比喻，但我敢肯定这是一条错误的道路。让我们走出这个习惯，以谈论人的用语来思考和谈论人类文明。

用谈论人的用语，我们怎样来描述希腊文明，或者我们自己的文明，或任何我们可以用手指头数过来的其他 10 个或 20 个文明呢？以谈论人的用语，我得说，这些文明中的每一个在运转的时候，都是对一种巨大的共同的人类进取事业的尝试，或者说，在它的运转停止之后来回顾它，它是一种巨大的共同的人类试验的独特例子。这种进取或试验是实施创造行

为的一种努力。我觉得，这些文明中的每一个，都试图上升至高于起码的人——也就是高于原始的人，朝向某种较高的精神生活。一个从来没有实现这个目标的文明是不能描述它的，或者我宁可说，从来没有过任何人类社会实现了它。也许它被单个的男人和女人实现了，至少我可以想到一些圣人和贤哲，在我看来，他们在自己的个人生活中已经实现了这个目标，至少是在我本人能够设想这目标是什么的意义上。如果说有着一些超越性的男人和女人，但却从来没有过这样的文明社会。如同我们所知道的，文明是一种运动而不是一种条件，是一次航行而不是一个港口。所知的文明中还没有任何一个实现了文明的目标。地球上还从来没有过一个由圣贤组成的社群。即使一个文明程度最高的社会，在它文明程度最
高的时期，成员中的大多数的确仍是非常接近于原始人的。 56
当一个社会设法去争取自己的精神进步时，没有谁可以保证具有那样高的基础。我们所知的所有文明，包括希腊文明在内，都已经崩溃破裂，只有一个可能的例外就是我们自己的西方文明。这个文明现在的孩子——我们这一代人，无人能够轻松想象自己的文明可以免于遭受那些文明共同命运的危险。

我相信，文明的诞生和继续成长，现在要靠成功地应对持续的挑战。当它们面对挑战而回应失败的话，它们就会崩溃破裂。很自然地，不止一个文明的历史中屡屡有挑战出现。我们对希腊—罗马历史之所以特别有兴趣，是由于一个事实：希腊文明在公元前 5 世纪崩溃，是因为它未能找到对一种挑战的成功应对，而我们自己的西方文明在我们这一代也正面对着这种挑战。

如果我们打开希腊历史的卷轴，我们会发现自己既在研究这种致命挑战的表现，也在研究未能找到应对之道的灾难性失败。为了说明这种挑战是什么，我必须复述一下在公元前431年伯罗奔尼撒战争爆发之前希腊世界历史中的一些突出事件。第一件事就是那些城邦的创建。爱琴海沿岸地区因克里特文明海上帝国的垮台出现了一种社会中断，这些城邦建立了法律和秩序。第二件事就是在爱奥尼亚和希腊欧陆的一些新文明国度里，人口的增长对生存手段造成了很大的压力。第三件事是由于在地中海各地的移民扩展，这种压力得到了缓解，即
57 在野蛮人的地面上创建了一些殖民性的希腊城邦。第四件事是这种希腊殖民扩张在公元前6世纪停止，这部分是由于本地人的成功抵制，部分是因为希腊自己的那些竞争对手——它们从黎凡特朝西地中海竞争殖民——在政治上的团结：迦太基和伊特鲁里亚人在西边，吕底亚帝国之后出现的强大得多的波斯帝国在东边(在希腊人看来，波斯帝国与其说是波斯人，不如说是叙利亚境内腓尼基人老家的腓尼基人，他们因波斯人的支持而增强了力量)。

在我们觉得是希腊文明最辉煌的时代——公元前6世纪和前5世纪早期，希腊人自己却感觉到了被包围、受束缚和强大的压力。如同修昔底德所看到的，从居鲁士和大流士的时代以来，

> 在一个漫长的时间里，希腊受到了四面八方的挤压，其结果就是在这个时代她既不能实现任何伟大的合作成就，也没有以单个城邦本身的生活展示出任何进取心。(修昔底德，卷1，17章)

希罗多德则这样看：

> 大流士——叙斯塔斯佩斯之子，薛西斯——大流士之子，亚达薛西——薛西斯之子，由这三朝构成的连续三代，看到了希腊被更多的麻烦所压倒，这些麻烦超过了她在大流士就职之前那20代从头到尾所承受的。(希罗多德，卷VI，98章)

然而，事实上这是一个非常关键的时代，希腊社会在这个时期成功地解决了它因停止在地理上的扩张而新出现的经济问题。当时的问题是如何为仍在增长的人口获取更多的生活资 58
料，这些人口拥有的地理面积已经固定下来，不能继续扩大了。在希腊历史中，这个问题靠一种成功的转变而解决——从一种简单的粗放经济体系转变为一种较为强化的经济体系，从地方自给的混合农业转变为供应出口的专业农业。农业上的这种革命带来了希腊经济生活的整体革命，因为这种新的专业化农业需要商业和制造业的配套发展。人们研究梭伦和庇西特拉图这两代的雅典历史，就是在研究希腊的这个经济革命。从历史层面看，这个雅典经济革命相当于我们这个时代的18、19世纪之交发生的英国工业革命，它解决了公元前6世纪的希腊经济问题。然而，对经济问题的解决反过来又导致了一个希腊文明未能解决的政治问题，这种政治失败就是它崩溃的原因。

这个新的政治问题或可用下面的方式来表述。只要每个城邦的经济生活是地方性的，它们也就都能够保持政治生活的地方性。各个城邦彼此相对的这种地方性主权，的确导致了持续不断的小小战争，然而，就这一时代的经济状况而言，这些战争的社会后果并不致命。可是，因希腊殖民扩展停止而导致的雅典经济革命，引入了新的经济体系，它建立在用地方
59 生产供应国际交换的基础之上，只有那些城邦放弃它们的地方主义和独立，它在经济层面上才能成功运作。一种国际经济互相依赖的体系，只有被带入一种国际政治相互依赖体系的框架内，它才会运转起来。一种国际政治法则和秩序的体系，才能对那些地方城邦无法无天的地方性主权加以约束。

现在吕底亚、波斯和迦太基帝国已向公元前 6 世纪和前 5 世纪的这些希腊城邦提出了一种现成的国际秩序。波斯帝国对自己征服的那些希腊城邦系统地施加了有序的政治关系。薛西斯试图通过继续征服希腊世界仍然独立的残余部分来完成这个工作。这些尚未被征服的希腊城邦绝望地抵抗薛西斯而且成功了，因为它们清楚地知道一位波斯征服者会夺走它们文明的生命。它们不仅拯救了自己的独立，而且还解放了此前已被征服的群岛和亚洲大陆城邦。但是，拒绝了波斯对希腊政治问题的解决方案，希腊胜利者们就面临寻找其他解决方案的问题。然而，他们未能找到。在公元前 480 年和前 479 年击败了薛西斯后，他们又在公元前 478 至前 431 年被自己所击败。

希腊人想要建立的国际政治秩序是所谓的提洛同盟，它由雅典和雅典领导下的盟国在公元前 478 年建立。顺便说一
60 句，有一点值得注意，提洛同盟是对波斯模式的一种模仿。把雅典政治家阿里斯提德(Aristeides)在公元前 487 年诱导那些被解放的城市接受这个体系时所说的话，与希罗多德著作第 6 卷第 42 章中关于这个体系的那些话——波斯当局在大约十五

年前镇压了所谓的“爱奥尼亚叛乱”后同样也对这些城市强加上了这个体系——进行比较，就可以看到这一点。 然而提洛同盟未能实现它的目标。 主权独立的希腊城邦之间关系上的政治无序，在新的经济条件下再次爆发，而且它使得这种混乱无序不仅变得有害，而且致命。

希腊—罗马文明因未能用一种国际法则和秩序替代国际无序而走向了毁灭，这段历史占据了从公元前431年到前31年这400年的时间。 在这四个世纪的失败和痛苦之后，在奥古斯都那一代，出现了局部和暂时的团结。 罗马帝国——它实际上是希腊和其他文化上相连的城邦的一种国际联盟——可以视为对这个问题的一种迟来的解决，此前的提洛同盟未能解决它。 但是，罗马帝国的墓志铭是“太迟了”。 在用自己的手在自己身上造成致命伤害后，希腊—罗马社会才感到后悔。“罗马和平”是一种耗尽后的和平，一种丧失了创造性因而也就不能持久的和平。 这和平与秩序在它应该出现之时的四个世纪后才出现。 人们必须研究这令人悲伤的四个世纪的中间岁月，才能理解什么是罗马帝国，它为什么失败。

我的结论是，我们应该把这个故事作为一个整体来看。
只有把它作为一个整体来审视，它才会对今天我们这个世界中 61
自己的情况提供启示。 然而，如果一个人能够因它而得到启发，请相信我的话，就证明它具有最为惊人的启示。

62 # 世界的统一与历史观的变化

熟悉会麻醉想象。正因为每一个西方学童都知道大约四个半世纪之前西欧航海家们进行的航海大发现是一个划时代的历史事件，成年后的西方人就倾向于认为结果必然如此。所以，在我把自己介绍给西方公众时，我当仁不让地指出我们那些从事远洋航行的祖先的开拓造成了何等引人注目、何等革命性的影响。它带来的不亚于世界地图的完全改变——当然不是实际的地图，而是我们星球表面人类能够进入和居住的那一部分，希腊人曾经将此称为人类居住之地。

西方对人类环境造成的改变，这是我的第一个主题，但它引导出了另外两个主题。如此程度的外部改变通常会引发人们态度上的相应重新调整。另外很显然，当我们观看四周，
63 我们会看到对于人类的大多数而言，这些西方航海大发现的影响——即使放在最短的历史时间刻度上，它们仍属晚近——事实上已在他们的历史观中带来了剧烈变化。这将是我的第二个主题。但它因展示了一个悖论又带来了第三个主题。我这

里想到的人类大多数当然是指非西方部分，而这个悖论就是在今天我们西方人是世界上唯一的历史观仍然保持在达·伽马之前的民族。个人而言，我并不相信这种远古的西方传统历史观将会持续很长时间。我不怀疑已经要轮到我们重新定向了。我想象，就我们而言，这将是名副其实的一次重新定向。但是，为什么我们要像一个18世纪普鲁士的训练军士一样，等待历史拎着我们的后颈，把我们脑袋拧直呢？尽管我们的邻居们近来以这种令人不快的羞辱方式重新受到教育，但我们肯定应该做得更好一些，因为我们不能像他们那样辩称受到了突袭。事实就面对面地盯着我们，通过运用我们的历史想象，我们或许可以预期这种义务教育已经在朝我们来的路上了。希腊斯多葛学派哲学家克里安西斯恳求宙斯和命运的恩惠，以便跟随它们对他自己意愿的引导而不畏缩。他补充说，“如果我畏缩和叛变了，我反正还是得照样跟随”。

现在让我们进入我们的主题，提醒我们自己这幅地图的革命性改变。

大家知道，人类作为人，由于自己恰巧属于这一代的个人重要性，就随时随地都处在夸大这些当代事件的历史重要性的危险之中。同样，我也冒险猜测，当我们自己生活的这个时 64
代已经被远远抛在后面，被未来的历史学家用一种富有启发的遥远视野来观看时，我们现在所关心的这些当代事件就会如同历史地平线上的一座山峰般突出来。所谓“我们生活的这个时代”，我是指晚近这五六千年，人类在成为人至少60万年之后，在这一时代实现了一般程度的社会和道德成就，我们称之为“文明”。我把这幅地图中的晚近变化称为“当代”，是因为它发生于其中的这四五个世纪，对于我们的地质学家和天文学家现在向我们揭示的时间刻度而言，真的只是眼睛一眨。当我试图描绘晚近这数千年的事情对未来历史学家所呈现的景象时，我想到的不是目前而是生活在2万年或10万年之后的历史学家。这样想是因为相信我们现代西方科学家，他们说生命在这个星球上已经存在了8亿年左右，这个星球还将继续适于居住至少比这长一倍的时间(除非西方人早熟的技术技艺将这个故事截短)。

如果我对我们主题历史重要性的申说听上去过大的话，那就让我们回忆一下这个变化在这幅地图中是多么不同寻常的一件事。我认为它有两个方面，其中第二个更为轰动。首先，从大约公元1500年起(用我们西方的地方纪元来计算)，人类就聚集成为一个单一的遍及全世界的社会。从历史的黎明到大约那个时候之前，人的地球之家被分成了许多孤立的宅邸。
65 从大约公元1500年起，人类就被带到了同一个屋檐下。在上帝的庇护下，人们行动起来完成了这一壮举。这里我们要讲到真正轰动之点了。这场人类事务的革命性改变可以是这张地图上多种多样社会中的任何一个，而实际上完成了这一行动的却是一个在所有这些地方社会中最不可能的候选者。

为了跳离我本人的西方立场，从一种较为偏离的观点来看这个问题，我问自己，当一些西方船员队伍开始从事那个统一世界的事业时，在那些值得注意的非西方人中，谁是可以想到的、位于最中心和最为聪明的观察者呢？我发现我找到的人是巴布尔皇帝。作为帖木儿这位特兰桑克塞尼①征服者的第五代子孙，巴布尔进行了最后的大陆征服行动尝试，即从某一

① 特兰桑克塞尼(Transoxanian)，拉丁语，欧洲东方学界用此术语指代阿姆流和锡姆河流域之间的地区。——编者注

大陆中心来统一世界。就在巴布尔这个时代——公元 1483 年至 1530 年，经由海路，哥伦布从西班牙到达了美洲，达·伽马从葡萄牙抵达了印度。巴布尔开始时是位于锡尔河上游流域的费尔干纳的国君。这是一个小国，从公元前 2 世纪起就是“人类居住之地”的中心。在达·伽马经海路到达印度的二十一年之后，巴布尔从陆上侵入印度。巴布尔同时还是一位喜爱文学之人，他用自己突厥母语创作的精彩自传展示了一个具有杰出智慧和洞察力的灵魂。

巴布尔的征服范围是什么？费尔干纳以东包括了印度和
中国，西边则延伸至巴布尔自己的遥远族人——奥斯曼土耳其
人。巴布尔在军事技术上向奥斯曼土耳其人学习，对他们在 66
扩展伊斯兰教边界上的虔诚和勇猛表示钦佩。他将他们称为
“罗姆的勇士”(the Ghazis of Rum)，在原始的穆斯林阿拉伯人
曾经大败的地方，这些快乐的勇士成功地为伊斯兰教征服了东
正教的故乡。我想不起在巴布尔的回忆录中有什么地方提及
西方基督教国家，在贝弗里奇夫人那本厚实的英文译本无所不
包的地理索引中也没找到。当然，巴布尔知道法兰克人的存
在，因为他是一个有教养的人，他知道自己的伊斯兰教历史。
如果他在什么地方提到了法兰克人，也只可能将他们描述为残
忍而失意的异教徒，生活在亚洲大陆许多半岛中最西端的一个
遥远角落。他还可能做这样的叙说：大约在他那个时代的 400
年之前，这些野蛮人做了一种恶魔的尝试，要冲出他们那狭窄
而讨厌的角落，进入罗姆和伊斯兰地区这更辽阔也更富庶的地
域。对于文明的命运而言，这是一个关键时刻，但这些粗野
的入侵者被萨拉丁的天才阻止，一种压倒性的道德失败更超过
了他们的军事失败。罗姆的基督教徒们，面对两个未来主人

选择其一时，选择了天神这一方，选择了“先知的头巾”而不是“教皇的头饰”，接受了奥斯曼和平的恩惠。

公元1498年，比公元1519年巴布尔自己首次降临印度要早二十一年，法兰克人的船来到了印度。它们看来逃过了巴布尔的注意——除非他的沉默不是用对这个事件的忽略来解释，而是用觉得这些水上吉卜赛人的漫游不值得一位历史学家
67 关注来解释。那么，这位据说聪明的特兰桑克塞尼文人兼实干家就对葡萄牙人环游世界前往非洲的前兆闭目塞听了？他未能感知这些经营航海的法兰克人已经对伊斯兰教作侧翼包抄，断其后路了？是的，我相信巴布尔如果被告知他正在印度创建的这个帝国很快就会在他的子孙后代手里变为法兰克人的领地，他一定会大为震惊。他对他那一代和我们这一代之间，世界上将要到来的变化毫无所知。不过，我得承认，这并不有损巴布尔的智力，它只是我们时代世界史中那些重大事件之奇特的又一个显示而已。

从公元1500年起，“人类居住之地”的地图就变得面目全非了。在此之前，它还是由一个围绕着旧世界的从东北方日本群岛至西北方不列颠群岛的文明地带构成：日本、中国、印度支那、印度尼西亚、印度、伊斯兰地区、罗马东正教国和西方的另一个基督教国。尽管从北温带到赤道的这个地带在中间垂了下去，而且贯穿了各种气候和自然环境的广阔区域，但这些社会的社会结构和文化特点还是非常一致的。它们每一个都有大量的农民，其生活和劳作环境与6 000到8 000年前农业发明后不久他们的祖先基本相同；还有一小部分统治者，他们享有对权力、剩余财富、休闲、知识和技能的垄断，而这些反过来又强化了他们的力量。在旧世界，这同一类型的文明

还有较早的一两代，公元 1500 年时，它们中有一些还被人们 68
所记得，而其他的(在被现代西方考古学家发掘出来之前)则被忘记了。此时这一类型的文明有两个存在于新世界，但旧世界的那些同类文明不知道它们，它们彼此之间也几乎互不相识。旧世界存活的这些文明之间有联系，虽然并不那么紧密，或者感觉自己是同一个社会的成员。

在公元 1500 年之前，它们之间的联系事实上是沿着两条不同的交流路线来建立和维持的。一条是海路，当今的西方人对它相当熟悉，就是“半岛暨东方轮船公司”从蒂尔伯里港口开往神户的那条线路。公元 1500 年时，甚至晚至我一位叔祖的年代(这是我童年的生动记忆)——他掌管着光荣的东印度公司那些客船中的一艘，在苏伊士运河开挖之前退休，但从未在一艘汽船上干过。这条水道穿越一连串内海，在地中海和红海之间被一段陆地运输所打断，在地中海与波斯湾之间还有一段也可选择的陆地运输。在地中海和这条海路的日本海域，交通常常很繁忙，从公元前 120 年左右起，来自亚历山大港的希腊水手开启了一波远洋航海热，他们发现了自己前往锡兰的路，朝东航行穿过印度尼西亚，直至带着波利尼西亚人的独木舟来到了复活节岛。然而，尽管这些前西方时代的航海家喜欢冒险又性情浪漫，但他们所开辟的这条水道作为文明之间的交流路线一直只有次要的重要性。另一条主要的路线是由草原和沙漠构成，从撒哈拉至蒙古，穿越着文明地带。 69

大草原曾是一个内陆海，它由于偶然的变故干涸了，对于人类的效用而言比起基督纪元 15 世纪结束之前的咸水之海来，它使得人们的交往更为便利。这种无水之海可以有它的旱船和无壁岸的港口。草原上的大帆船是骆驼，小帆船是马四，草原港口就是“大篷车市镇”——那些休息的绿洲岛屿，在海岸边的终点，“沙漠”的沙浪显露出“商业区”：佩特拉(Petra)和帕尔迈拉(Palmyra)，大马士革和乌尔(Ur)，帖木儿的撒马尔罕(Samarkand)和中国长城关隘处的贸易集市。正是这些穿越草原的驼马，而不是那些穿越海洋的帆船，成为至为重要的沟通手段。在公元1500年之前，世界上那些分开的文明借此联结，维持着它们彼此之间很小程度的联系。

如同我们看到的，巴布尔的费尔干纳是这个世界的一个中心点，土耳其人在他的时代是各个民族的中心家族。在我们这一代，一系列伟大的奥斯曼土耳其人推进西化者中最新的一位——穆斯塔法·凯末尔·阿塔图克总统，出版了一部以土耳其为中心的世界史。对于恢复自己国人的士气，这是一个聪明办法，但更是真实历史直觉的出色壮举。因为，从基督纪元4世纪起把最后那些印欧语言前任赶出草原，直至7世纪奥斯曼帝国、萨法维王朝和帖木儿土耳其王朝在它们各自的罗姆、伊朗和印度疆域崩溃，讲突厥语的那些民族实在是亚洲之
70 拱的拱心石，达·伽马之前的文明地带就悬靠此拱。在这1 200年中，那些分开的文明之间的陆地联结，是由土耳其草原国家所控制的。在达·伽马之前的世界，这是世界的中心位置，土耳其人由此骑马而出，东西南北征服四方，抵达了满洲和阿尔及利亚，到达了乌克兰和德干高原。

然而，现在我们要谈一场伟大的革命了，一场技术革命，西方以此获得好运，战胜了其他所有存活的文明，强制它们并入一个名副其实世界范围的单一社会之中。这场革命性的西方发明，就是以海洋来代替草原作为世界交流的主要媒介。首先是帆船对海洋的使用，然后是汽船，这使西方能够将整个

已经居住和可以居住的世界，包括美洲在内，统一起来。巴布尔的费尔干纳曾经是一个由草原上驼马交通统一起来的世界的中心点，但就在巴布尔的有生之年，世界中心却突然来了个大跳跃。它从大陆的中心跳到了大陆极西边缘，在围绕塞维利亚和里斯本一阵徘徊之后，一度落在了伊丽莎白的英国。在我们自己这一代，我们又看到这个不稳定的世界中心再次从伦敦飞到了纽约。然而，这次转变到海洋那边一个更为偏离的位置，只是一种地方的变动，在跳跃的量级方面，无法与巴布尔时代从中亚的草原港口转变到大西洋的海洋港口相比。这种巨大的跳跃因交通手段的突然革命而出现。当航行海上的帆船取代了骆驼和马匹后，草原港口就没用了。现在，就在我们眼皮底下，航行海上的轮船又正在被飞机所取代，我们不妨问问自己世界中心是否可能再次跳跃，且如 16 世纪那般 71
轰动。有着技术革命的动力，它至少会像 16 世纪达 · 伽马的轻快帆船取代了巴布尔的骏马一样翻天覆地。在我做结论之前，我还会论及这种可能性。与此同时，在我们卷起巴布尔的陆地世界地图和打开从巴布尔时代一直沿用至今的海洋世界地图之前，让我们先来逐个看看在巴布尔时代之前那些分离的人类文明，简要审视一下它们的历史观。

这些分离的文明在自己的文化特点和社会结构中展现出来的一致性，也反映至它们的历史观。它们中每一个都相信自己是这个世界中唯一的文明社会，其他的人类都是野蛮人、贱民或异教徒。因为持这样一种观点，所以很明显，达 · 伽马之前的六个文明至少有五个是错误的，而结局表明实际上它们没有一个是对的。一种谬误的所有变种都无疑同样虚假，但它们不一定都同样荒谬。一个共同的“神之选民”的神话的六个竞争而互不相容的版本，一个比一个更蔑视常识，我们对此考察一下，也是颇有教益的。

对于中国人来说，他们在地球表面的这块地方是“天
下”，处于帝国政府直接管辖之下的疆域是“中国”。大不列
颠国王乔治三世曾给乾隆皇帝(在位 1735—1795)写信，建议这
72 两个君主制国家彼此之间建立外交和商业关系。乾隆皇帝那
封著名的回信，以从容的自信表达了这样一种观点：

> 至尔国王表内恳请派一尔国之人住居天朝，照管尔国买卖一节，此则与天朝体制不合，断不可行。……天朝自有天朝礼法，与尔国各不相同。尔国所留之人即能习学，尔国自有风俗制度，亦断不能效法中国……天朝抚有四海，惟励精图治，办理政务，奇珍异宝，并不贵重。……并无更需尔国制办物件。(此信全文见 F.怀特爵士：《中国与外国》附录，伦敦牛津大学出版社 1927 年。)

如果这位蛮夷使节马戛尔尼爵士泄露他的君王主人有时会发疯，乾隆皇帝大概也不会吃惊。因为没有任何一位心智健全的蛮夷幼君敢于大胆地以平等身份来向天子说话。尽管完全没有恶意，但从历史的角度看，不列颠信函的起草者的口吻对乾隆及其随从而言显得十分粗暴。

乾隆征服了欧亚草原上最后的野性游牧民族，从而结束了
过去 3 000 年中编织人类历史的主要线索之一的“沙漠”与
“商业区”之间的决斗，他本人以此创造了历史。“天子”实际
73 上是独自完成了这个历史壮举。唯一能够宣称在这个荣誉中
也有份的是莫斯科的恺撒。“南海蛮夷”(中国人这样称呼那些

从这个方向被冲到了中国南方海岸的西方水上吉卜赛人)在这样一个稳定文明之事业的伟大胜利中压根儿没份。但是，乾隆作为政治家和武士的个人成就对于“天子”之位光芒的扩散却没有增加多少。他统治的帝国是一个最古老、最成功和所有存活着的政治制度中最为仁慈的。它创建于公元前3世纪，在一片国际混乱之中——一些世袭封建贵族控制的地方性国家发动彼此间的持续战争而折磨人类，它给文明世界带来了一个文明的政府，它由竞争选拔出的文化程度很高的公务员管理。在中间这20个世纪中，这种精心安排的世界和平有时也会中断，但这些中断总是暂时的，在乾隆朝代结束时，“中国”最晚近的恢复已处在其全盛期。这个政治盒子保存了一种精神财富：一些哲学学派的发现，它们探讨了形而上学和伦理学那些基本问题的所有可选择答案。“中国”的童年时期就显示出了它们天生的智力和政治才能，而与之相伴的则是它们的心胸开阔，能够接纳一种伟大的外来宗教——诞生于印度的大乘佛教——来满足它们世俗文明的一些精神需要，它们自己的资源或许不能完全满足这些需要。

以这样一种历史背景的力量，乾隆这样来答复乔治三世难
道不对吗？是的，我的一些西方读者读到乾隆的答复会微 74
笑。当然，他们微笑是因为他们知道结局。然而，这结局证明了什么呢？无疑，它证明了乾隆皇帝和他的那些顾问不知道“南海蛮夷”以物理科学新发现的实际应用而获得的压倒性物质力量。在马戛尔尼爵士出使的那个时代，已经有年富力强、在朝廷担任要职的中国文人能够活着看到大不列颠对中国开战，在大炮之下制定了与中国媾和的条件。然而，这个结局不也证明尽管乾隆落伍于不知晓“南海蛮夷”的军事水平，

但他的不交往政策不正是聪明的吗？ 他的直觉警告他反对英国“奇珍异宝”的物品交易，而英国商人向朝廷臣民提供的一种非常奇异的物品就是鸦片。 当朝廷如同一个值得尊敬的政府必然要做的那样禁止这种交易时，蛮夷使用他们无可怀疑的强大军事优势，按照英国的条件用海军军舰为英国贸易进入中国打开了入口。 我知道，这是对“鸦片战争”过程的一种简单化，但本质上这是事实，对于这场国际罪行的犯罪者们来说，顶多只能说他们从那以后感到羞愧了。 我希望，我清楚地记住了当我还是个孩子时，询问母亲“鸦片战争”的事，她告诉我这些事实时传递给我的那种弥补性的羞愧之感①。

历史的迷人声音，诱惑北京的“天子”去想象自己是首字
75 母大写的“文明”本身的唯一代表；而这种诱惑之音在公元1500年也对俄罗斯的相应人物——莫斯科的恺撒——施了同样的诡计。 他也是一个世界性帝国最后化身的统治者，这个帝国也曾有失败，但到那时为止都能够恢复过来。 奥古斯都从位于台伯河畔的第一罗马帝国辐射广泛的世界和平，由君士坦丁在位于博斯普鲁斯海峡两岸的第二罗马帝国再次建立起来；君士坦丁堡帝国在基督纪元的7世纪、11世纪和13世纪三次死而复生之后，最终在公元1453年被异教徒土耳其人攻陷，权杖传给了位于莫斯科的第三罗马帝国，它的王国是不会终结的(所有虔诚的莫斯科人都必须相信)。 出于同样的原因，罗马世界力量的莫斯科继承者，也继承了罗马的希腊前辈的文化成就，好像这还不够，他还是上帝所选择的这个伟大的外来宗教信仰基督教——当年身为异教的希腊—罗马世界采用了它来弥补自己精神上的缺陷——的护卫者。 希腊、罗马和基督，以

① 这些事实的概要，见本文后面的注解。 ——作者注

及通过基督成为上帝选民的以色列，所有这些的继承者！莫斯科大公国的这个头衔，在莫斯科人眼中，显得既是终极的，又是唯一的。

如果沙皇的这种自负传到中国天子的耳中，他可能会以一种宽大仁慈来对待。早在达·伽马对世界地图革命的大约1 500年前，秦作为第一帝国就对大草原的无水之海进行了一次冒险的探索之旅，其触须的顶端触碰到了罗马第一帝国。这些中国沙漠水手慷慨地将这个令人吃惊的发现称为“大秦”——遥远西边的“伟大中国”。然而，“秦”和“大秦”却 76
总是因中间那些邻居而隔绝，这些邻居对它们二者想要拥有自己的诉求提出挑战。比如，在印度人眼中，中国如此虔诚地从印度接受的佛教不过是一种脱离了印度教正统的可悲变形(幸好在老家被放弃了)。婆罗门才拥有着对正当仪式、启悟经文和正确神学的垄断。而印度的大部分人口，以及雅利安人圣地之外世界中的每个男人、女人和儿童，都是不可接触的被逐出者。印度的穆斯林征服者可以使用不可抵挡的物质力量，但他们不能将自己身份上的低贱洗刷干净。

就穆斯林而言，他们对印度人和基督徒的苛刻，就如同印度人对穆斯林和中国人的一样。在穆斯林看来，以色列的先知全都是对的，在神的最终使者穆罕默德之前，耶稣是神的最后和最伟大的预言者。穆斯林并不是与先知耶稣对立，而是与基督教会对立，基督教会以对异教希腊多神论和偶像崇拜的投降而迷惑了罗马。脱离这种对唯一真神之启示的可耻背叛，伊斯兰教就恢复了亚伯拉罕的纯洁宗教。一方面是基督徒的多神教，另一方面是印度教的多神教，在它们之间又显现了一神教的光芒，并且在伊斯兰教的生存中蕴含着世界的希望。

传统的伊斯兰教价值衡量在伟大的埃及历史学家阿尔-伽巴尔提叙述 1213 年希而吉来所发生事情的结束之语中可以清楚看到：

> 77 这样，这一年就走到了它的结束。在这一年所发生的那些前所未有的事情中，最不祥的就是从埃及出发(至汉志那些圣城)的朝圣停止。他们不给卡尔拜圣帏了，他们不送钱袋了。这样的事在现代从未发生过，在巴努·奥斯曼的统治下从未发生过。[的确，]只有主来整顿一切了。①

这令人刺激的一年有什么？ 用我们西方的纪年法，与伊斯兰教纪年的这 12 个月相应的是公元 1798 年 6 月至 1799 年 6 月。 你可以看到，这正是拿破仑突然来到埃及的那一年，我上面所引的话是阿尔-伽巴尔提对这场极度引人注目的“世界之间战争”的最生动、最具洞察力之记述的曲终奏雅。 我还记得，自己作为另一个世界的人，第一次读到这些终场之语时，突然有一种渺小感。 一个人读阿尔-伽巴尔提是没法不严肃看待他的。 排列迄今为止文明社会的领军史家，他无疑要进入候选者名单。 我还要回到这段话上，去说服我的西方同伴，转变我们对此嘲笑的鄙俗倾向，继而嘲笑我们自己极不合理的狭隘地域思想。

现在，我们来看两个真正好笑的空想例子——一个地方文明想象自身是世界上唯一的文明。

78 日本人事实上相信他们的国家是“众神所在”，因此是不

① 阿尔-伽巴尔提的法文译本见巴黎勒鲁出版社。 ——作者注

可侵犯的(尽管以不幸的北方前辈“多毛的虾夷人”为牺牲，日本人侵犯了他们自己的国家)。日本就是“中央之国”！凭什么？日本公元1500年时还是封建社会，处在一种黯淡的混乱状态之中，而中国早在公元前221年就以秦始皇的统一结束了这种混乱。那么早之前，中国就不靠外来帮助自己实现了这一点，而日本在得到几乎千年的由中国影响力而借给它的中国世俗文明和印度较高宗教的赐福之后，还是未能做到。这讽刺还能再大一点吗？为什么呢？是的，它觉得它可以，因为一种普遍谬误的西方变体显然愚弄了日本人。法兰克人在公元1500年时庄严断言，以色列、希腊和罗马的真正继承者不是那些罗马东正教国，而是它们的国家，分裂者不是西方而是正教教会！听法兰克神学家的讲话，你会觉得是四个东方教区而不是罗马教区让“和子说”①滑入其中而篡改了教义。聆听“德意志民族的罗马皇帝们”与奥古斯都和君士坦丁的希腊和俄罗斯继承者的政治论战，你可能会觉得罗马帝国政府不是在那些拉丁省，而是在希腊和东方省灭亡，再也没有在基督之后的第五个世纪复活。在公元1500年，这种法兰克人要成为“上帝选民”的自负，其大胆已足以让任何知识健全态度公允的仲裁人倒吸一口凉气。然而，还有一个更为令人吃惊的事实值得记录下来。从那以后，四个半世纪——什么样的世界啊！——过去了，法兰克人今天仍然唱着那同一首老歌， 79
只不过现在是自己独唱了，因为公元1500年时齐声哼唱谬误教义的文明合唱队中的其他声音，已经一个接一个地在当年至今的这段时光中改变了它们的调子。

---

① 和子说(filioque)，表示“圣灵是由天父和圣子而出”，这是罗马教廷的立场，君士坦丁堡教廷则认为圣灵是由天父而出，由此形成基督教神学的一个重大争议。——编者注

西方头脑陷入到古老的泥涂之中，而人类中非西方的大多数却在重新教育他们自己方面取得了成功，这本身当然不是天生更为聪明或具有美德的证明。智慧的开始是一种有益的震惊，非西方社会因西方文明的猛烈影响而得到一种巨大的改变。迄今为止，唯有西方逃脱了这种唐突的对待。直到现在，我们的地方文明还没有被自己发展的剧变所击碎，仍然沉浸在自鸣得意和懒散幻觉之中。我们的对手对此放纵，直到它们从这头无意中利人的西方公牛的尖角上获得了决定命运的教益。或早或晚，这种碰撞的反响肯定会反弹到西方自身，但目前而言，这位两面神还睡着——在海外它是一头四处猛冲的公牛，在自家则是一位孤独的睡美人。

其他文明领受到的震撼的确猛烈，足以唤醒以弗所长眠的七圣[1]。想象一下1842年英国的勒令对那些四十九年前亲身经历过乾隆皇帝处理马戛尔尼爵士来访的中国士大夫的心理冲击！再读一读阿尔-伽巴尔提！限于篇幅，我只能够引用他对一件事的叙述，此事发生在伊斯兰教纪1213年8月的周五，25艘外国船突然出现在埃及的亚历山大港口外。

80 城里的人在琢磨这些外国人来干吗呢？突然出现了一只小船，上面站有10人，他们上岸了……这些外国人说他们是英国人，还补充说他们是出来寻找一些法国人的，这些法国人带着一支很大的舰队去了一个不知道的目的地。他们说，他们担心这些法国人对埃及进行偷袭，因为他们知道埃及人不会反抗这些入侵者，或者是阻止他们登陆……这些外国人继续说，“我们只要让我们的船待在这片海里就足够了，这可以为

① 以弗所长眠七圣(Ephesus Seven Sleepers)，传说以弗所的七位圣人为躲避暴政于公元249—251年进入山洞沉睡，并于公元408—450年苏醒。后来他们再次在洞中安眠。——编者注

了保卫这城市进行海岸巡逻。除了水和给养外，我们不会向你们要求任何东西，水和给养我们也保证付钱。”城市的要人们拒绝了，但……与这些英国人有了联系，于是对他们说：“这个国家属于苏丹，法国人或任何其他外国人在这里都无事可做，所以最好是离开我们。”听完这些话后，英国使者回到了他们的大船上，离开了亚历山大港，去别的地方寻找他们的给养，“以便神能够完成他的判决中业已注定的工作”①。

当我们读时，会发现这些现代的“法兰克人的神圣任务”刺激了阿兹哈尔大学这位善于接受的博士来马上开始他自己的重新教育。在占领开罗后，法国人最先做的事情之一就是筹划了一个包括实际演示的科学展览，我们这位历史学家就在观众之中。法国人明显误把穆斯林当成可以被猴戏打动的孩子，这其实表明了法国人自己幼稚，在对此进行了评说之后，阿尔-伽巴尔提坦白地记录了他对法兰克人展示出来的科学成 81
就的钦佩②。他注意到，在一场因法国人一开始就显露的专横行为而导致的反抗中，法国人对自己遭受的损失看来最在意的就是学者卡法雷利(Cafarelli)家中被毁的一些科学仪器③。然而，阿尔-伽巴尔提对法国司法的敏感又超过了他对法国科学的兴趣。法国士兵因武力侵入民宅而被定罪，由拿破仑亲自下令处死④。拿破仑之后的法国占领军司令克勒贝尔将军被一名穆斯林狂热分子暗杀，而暗杀者得到了确实公正的审判。这场审判赢得了阿尔-伽巴尔提的热情钦佩，他还是那样坦白地记录了自己的看法：在相似的情况中，穆斯林达不到这

---

① 法文译本，卷六，卷首。——作者注
② 法文译本，卷六，75页，参照70—71页。——作者注
③ 同上书，66页。——作者注
④ 同上书，82—83页。——作者注

样的道德高度。他对这场诉讼极感兴趣，急于保存对它的记录，于是在他的叙述中融入了这场审判的卷宗，并以法国军事法庭不完善的阿拉伯文逐字再现了这些文件①。

如果看到这位埃及穆斯林学者阿尔-伽巴尔提如此迅速毫无芥蒂地从法国人这里学习那些远非易学易懂的东西，人们就会想到一系列推进西化的伟大奥斯曼土耳其政治家：卡瓦拉的穆罕默德·阿里，他是马其顿部队的指挥官，曾来到埃及看到了法国人在那里的所做之事，在拿破仑来了又走了之后他继续着他的革命性工作②时，阿尔-伽巴尔提与穆罕默德·阿里真诚相处，如同与拿破仑或阿卜达拉·门努瓦相处一样。在这位历史学家的一个不幸时刻，这个独裁者听说了他在写史，对其内容进行调查。从那以后，阿尔-伽巴尔提对穆罕默德·阿里行为的记录突然终止了。一个漆黑的夜晚(确切地说，是伊斯兰教纪 1237 年斋月 27 日即公元 1822 年 6 月 22 日的晚上)，他骑着自己的毛驴回家，我们这位诚实的被调查者“柔和而安
82 静地消失了”。他对伊斯兰司法的悲观判断不幸而言中：苏丹塞利姆三世，在拿破仑于亚历山大港登陆的九年之前，他就在君士坦丁堡死去，他是一位尝试对奥斯曼军队进行西方化改造的先驱；继位的马哈苏丹茂德二世在耐心等待半生之后，执行了他的牺牲堂兄的政治遗嘱；最后也同样重要的一位是穆斯塔法·凯末尔·阿塔图克总统，他在我们这个时代完成了苏丹塞利姆在大约六代人之前开始的奥斯曼土耳其的世俗革命。这些奥斯曼名字让人想起别的地方的类似人物：极端的西化推进者彼得大帝和他的那些布尔什维克执行人；日本“明治维新”

① 法文译本，卷六，75 页，参照 223 页，251 页。——作者注
② 在继续撰写关于自己这个时代的历史。——作者注

的那些精明的设计者；孟加拉的调和论者拉姆·摩罕·罗伊，他将这个观点带入宗教领域，展现了对物质与精神的真正相对价值的典型的印度教感受——不管正统的印度教梵学家会如何愤怒地将这种异教首领的亵渎从他们自己不食人间烟火的清白脚面上拂去。

在这些强大的“希律派”(Herodians)的启发或请求之下——这动力常常是说服和强制的相遇，来自所有那些曾是分隔社会——西方已经用自己的世界包络之网将它们席卷到一起——的年轻一代非西方人，已经在我们的时代实实在在地去西方读书了。他们在巴黎大学、剑桥大学和牛津大学，在哥 83
伦比亚大学和芝加哥大学，学习第一手的西方课程。在伦敦大学的议厅，当我看着我那些听众的面孔，我也非常高兴地看到了他们代表中的一些人。所有这些非西方社会中的精英阶层事实上已经成功地对自身进行了重新教育，摆脱了传统的自我中心的地方观点。他们中的一些人反过来已经得了西方的民族主义的意识形态疾病。不过，对于非西方人来说，即使是民族主义，至少也具有作为一种外来疾病的负面价值。它也将他们拉出了他们的祖先之壳。总之，以这种或那种方式，被西方风暴震撼的在情感上很苦恼但在智力上受激励的经历，已经教育这些学习人文的非西方学生去认识(这意味着一种什么样的想象效果！)，西方过去的历史并不仅仅是西方自己的狭隘关注，也是他们的过去历史！之所以也是他们的历史，是因为如同阿尔-伽巴尔提所记录的那些在开罗私闯民宅而被拿破仑处死的法国士兵，西方也这样闯进了它那些没有防御的邻居们的生活之中，所以这些邻居必须熟悉西方历史，如果它们想学习如何在一个新的世界范围的社会——这个社会是我们西方人作为主体迫使它们成为成员的——中找到方位的话。

我们这一代的悖论在于：现在全世界都因我们西方提供的一种教育而受益，但西方自身除外(我们已经注意到了这一点)。今天的西方仍然以老旧的地方自我中心观点来看历史，而其他活跃的社会现在已经被迫超越这种观点了。不过，或
84 早或晚，轮到西方的时候，它也注定要接受这种其他文明已从西方行动带来的世界统一所受过的重新教育。

正在到来的西方的精神和伦理革命，会是一条什么样的道路？当我们前行时，由于我们不得不面对一道阻止我们预见未来的铁幕，我们可能就要从一些较古老的同时代者的历史中取一些照路的侧光了。由于那些剧中人已经离开了这个世界，我们知道了这整个故事。比如，希腊—罗马文明对它的那些邻居影响的结局是什么？如果我们追循那条穿越了十六个或十七个世纪的线索，从色诺芬那一万手持武器之同伴的撤退，到受到希腊启发的穆斯林科学和哲学在蒙古灾难之前的最后成就，我们就会看到军事、政治、经济、智力和艺术层面上似乎不可抵挡的希腊攻势被那些非希腊者的对策渐进地容纳、阻止和反击。在它们被攻击的所有这些层面上，东方人的反攻在整体上是成功的，但这在它的命运中起起伏伏，有时在它的结局上颇为讽刺。不过，有一点可谓希腊的阿喀琉斯之踵，这就是宗教。在这一点上，东方的反攻打回了老家，创造了历史。

这么一个除了当代之外在全部时段展开的故事，对于我们自己的前景有一种明显的定向，因为希腊人临时施加于世界的希腊文化有一个精神真空，犹如心脏上的一处空洞，而它晚近又在我们西方基督教国家的文化中显露出来，西方文化以这种

形式被“处理”而出口。从达·伽马时代起，在大约200年的时间里，我们西方那些让世界震荡的祖先们做了一种勇敢的尝 85
试，想在海外整体传播我们西方文化遗产，包括它的宗教核心和它的技术外壳。他们这样做无疑是受到了很好的启发，因为每种文化都是一个“整体”，其中各部分都微妙地互相依赖着，想输出谷壳而没有里面的粮食，这种无用无异于发射原子的卫星电子不发射原子核。然而，大约在我们西方基督纪元的17世纪和18世纪之交，发生了一件事，我敢预言，当我们这部地方史作为一个插曲放在人类普遍历史中来真实看待时，这件事将作为我们现代西方历史上那些划时代事件之一而浮现。这个异常之事是一双重事件，皇家学会的成功和耶稣会士的失败同时凸显出来。耶稣会士未能使印度人和中国人皈依西方基督教的罗马天主教形式。尽管他们发现了之所以如此的心理学上的原因，但他们还是失败了，因为当他们达到这个程度时，无论是教皇，还是天子，还是婆罗门都没有达到。就在那同一个时代，这些悲剧性受挫的耶稣会传教士们的西方国人——国内的天主教徒和新教徒得到了一个有着危险的结论：一种宗教现在分裂，名称都引发争论，因此打了100年同族互杀而没有结果的战争，这是他们文化遗产中的一种不合时宜的因素。为什么不心照不宣地通过删去宗教本身而删去这些宗教战争呢？把精力集中在实际事务上的物理科学的应用上面，这种追求不会引发争论，而且必定有利可图。在西方前进道路上17世纪的转折影响重大，因为从那以后就如野火 86
在世界各地燃烧的西方文明已不再是一个无缝之网的整体，它是废棉之火，外有技术镶边，里面的宗教核心却被撕掉了。当然，西方文明的“实用”模式是较容易拿来的，彼得大帝的天赋就显示于当西方商店的橱窗刚刚将此展出，他马上就扑过去抓住了。100年后，更为敏感也更注重精神的阿尔-伽巴尔提则显示了更好的分辨能力。法国技术让他眼睛一亮，但他却坚持要等待一个迹象。对于他来说，如同他自己的文明一样，西方文明的试金石并不是技术，而是司法正义。这位开罗学者抓住了问题的核心，抓住了西方仍然在其自身中要以斗争来解决的那个东西。“尽管我……理解所有的神秘和所有的知识……但没有仁慈，我就什么也不是”①；“你是什么样的人啊？当他的子孙请求一块面包，他却给他一块石头。或者说他请求一条鱼，他会给他一条蛇吗？”②

这就让我们回到一个问题，因阿尔-伽巴尔提的话而引发的问题，这问题仍在等待我们回答。伊斯兰教纪1213年最为重要的事到底是哪一件？是拿破仑入侵埃及？还是从埃及至汉志那些圣城的朝圣的停止？

当然，伊斯兰教的朝圣习俗就本身而言，不过是一次兴奋的外在仪式；然而，作为一个象征，它却代表着一种将所有穆斯林联结在一起的兄弟精神。所以，朝圣减少之日，就是伊斯兰教处于危险之时，我们在我们自己这个时代已看到了这一
87 点。阿尔-伽巴尔提对这种危险很敏感，因为他重视精神财富，他那古老的宗教传递的就是这个。我们自己对伊斯兰教看重的是什么？在世界历史的一章，世界的主宰似乎可能落在了那些明显肤色较浅、种族意识强烈到声名狼藉、横越海洋的讲英语的民族手中，但没有伊斯兰教友爱的社会巩固，人类能行吗？然而，这样一种社会服务，尽管富有价值而且高贵，却不

① 《圣经·哥林多前书》，xiii.2.——作者注
② 《圣经·马太福音》，vii.9—10。——作者注

是伊斯兰教的本质，如同阿尔-伽巴尔提会很快向我们指出的那样，虽然他自己碰巧是其信仰中这种美德的活的体现。如同他的姓氏所记录的，阿尔-伽巴尔提是一个“民族”的世袭宗主，这一“民族”是阿兹哈尔大学的构成成分，就如同同时代的巴黎大学一样。他的伽巴尔提民族是哪些人？他们是穿越阿比西尼亚的加拉人和索马里人，是哈姆虔信的乌黑肤色的孩子。你可能会感觉到我们主人公的姓和名十分相配：姓“阿尔-伽巴尔提”是“阿比西尼亚”之义，名“阿卜杜拉赫曼”是“仁慈之主的仆人”之义。然而，这位仁慈上帝的崇拜者却要证明，如果朝圣只是一种超越不同肤色和阶级差异的友爱的象征，那么反过来，真正信仰者之间的这种团结就要转化为尘世间他们真正相信神之一致的行动。伊斯兰教对于人类的创造性礼物是一神论，我们无疑不敢把这个礼物抛弃。

又怎样看待“金字塔之战”呢？去年，我生平第二次出席了在巴黎举行的一次和平大会。一个周日上午，我坐在一个临时的木头台子上，观看法国人的“胜利游行”在我面前经
过，西班牙人骑在跳跃的白马上，突尼斯轻步兵由一头受过训 88
练打扮漂亮的稳重绵羊引领，凯旋门在行进道路的远方正面对着我。回望这座壮观的石工建筑，我的眼睛开始沿着它檐口下面的一排圆盾游走，每面圆盾上都有拿破仑获胜战役的名字。“或许是件好事。”当我的眼睛抵达檐角时，我发现自己在想，“这座纪念碑只是正方形的，而不是八边形的，如果它有更多空间的话，它最终就不得不出现色当战役①和法国战役②

---

① 色当战役发生于1870年9月1日普法战争时期，结果法皇拿破仑三世及其麾下军队大败。——编者注

② 法国战役，指第二次世界大战时纳粹德国从1942年5月10日开始进攻法国及低地国家，之后不到三个月，法国沦陷。——编者注

了”。 然后，我的思绪又跳跃到其他国家荣耀之链上的那些讽刺性结局：一条德国荣耀之链，在法国战役的四年之后是德国战役；一条英国在印度的胜利之链，开始时是普提西和阿塞伊，而后是英国—锡克战争的痛苦战场中那些响亮的旁遮普地名。 最终来看，这些西方国家的胜利等于什么呢？ 那些公元前3世纪时被秦始皇从地图上抹去的中国“战国”——它们当时也相当显赫，它们的国家胜利也同样归零了。 虚空中的虚空！ 然而，伊斯兰教带着一个仍待实现的强大精神使命留存了下来。

所以，关于阿尔-伽巴尔提主次观念的争论，谁笑到了最后呢？ 是阿尔-伽巴尔提的西方读者还是阿尔-伽巴尔提本人？

如果我们西方人如同克里安西斯那样，渴望使用自己的智力、行使自己的自由意志来跟随宙斯和命运的召唤，而不是让这些可怕的神灵以羞辱的强制方式逼迫我们听话服从，那我们现在必须做什么呢？

89 首先，我建议我们必须重新调整我们自己的历史观，如同我们姊妹社会那些受过教育的代表在最近这几代人中一直在重新调整他们的历史观一样。 我们这些非西方的同时代人，理解了一个事实：在因世界的晚近统一而来的结果之中，西方人的过去历史已经变成他们历史中一个至关重要的部分。 就我们而言，同样，我们这些精神上仍然麻木的西方人现在必须认识到：由于这同一场革命——毕竟是我们自己带来的革命，我们邻居的过去也正在变成我们西方未来的一个至关重要的部分。

在唤醒我们自己来做这种想象的努力中，我们远远不必从头开始。我们一直都认识并且公开承认我们对以色列、希腊和罗马的欠债。当然，它们都是已经灭绝的文明，而我们在向它们表达我们的敬意时总是设法不挪动我们传统的自我中心立场，因为在我们盲目的自我中心中，我们认为自己高尚的自我是这些“死去”文明“存在的目的”，这是不言而喻的。我们想象它们的活着和死去都是在为我们准备道路，如同基督一样，充当我们的施洗者约翰(我为这个亵渎神明的比较道歉，但它鲜明地显示出我们的历史观是何等肆无忌惮地扭曲了)。

我们近来也认识到了一些其他文明作为对我们自己过去所
作贡献的重要性，它们不仅灭绝了，而且在我们发掘它们的残
骸之前已被深埋湮没。我们可以很轻松地慷慨承认克里特、
赫梯和苏美尔文明，因为它们的重新发现成为我们西方学者的
炫耀之事，在我们的赞助之下，它们在历史的那个阶段重新 90
出现。

然而，对于我们来说，较为困难的是去接受这样一个也同样明显的事实：我们那些喧闹的、有时是责骂的、活跃的同时代者——中国人和日本人、印度人和穆斯林，以及我们那些基督东正教的兄长，他们的过去历史在未来世界将成为我们西方过去历史的一部分，未来世界将既不是西方的，也不是非西方的，而是继承了所有的文化，我们西方人现在在一个坩埚中将它们融到了一起。当我们面对它时，这是一种显而易见的事实。我们自己的后代不会像我们这样，仅仅成为西方的代表，他们会既是苏格拉底、柏拉图和普罗提诺，又是儒家和道家的继承人；既是第二以赛亚和耶稣基督，也是释迦牟尼的继承人；既是以利亚、以利沙、彼得和保罗，又是查拉图斯特拉和穆罕默德的继承人；既是克莱门特和奥利金，又是商羯罗和

罗摩奴的继承人；既是我们的非洲奥古斯丁和我们的翁布里亚本尼迪克，又是东正教教会的卡帕多西亚创始者的继承人；既是波舒哀，又是伊本·赫勒敦的继承人；(如果在政治领域也这样展开的话)既是克伦威尔、华盛顿和马志尼，又是列宁、甘地和孙中山的继承人。

对历史观的重新调整，需要相应的历史研究方式的修正。如果我们能够重新体验古老的思考和情感的方式，那就让我们带着深切的谦卑承认吧，在天意之下，西方人要去取得的历史成就不仅是为了他们自己，也是为了整个人类，它是如此之巨大，我们自己的历史将会被其吞没。然而，通过创造历史，
91 我们就超越了我们自己的历史。虽然不知道我们一直在做什么，但我们已经抓住了提供给我们的机会。能够得到允许以超越自身来实现自身，这是上帝创造之物的荣耀特权。

所以，由此来看——由一种既谦卑又自豪的观点来看，那些刻写在六七个地方都城的凯旋门上或记录在一些朝生暮死的“列强”国家和城市档案中的我们西方社会局部利益的政治，并不是我们现代西方历史的主要线索。这主要线索甚至不是西方在世界上的扩张——如果我们坚持将这种扩张理解为西方社会自己的私人事业。这主要线索是一个借西方之手逐渐搭建的框架，在这个建构之中，所有曾经分离的社会都把自己合建为一。从一开始起，人类就被分开，到了我们的时代，我们终于变得统一了。西方人亲手使这一团结成为可能，但他们在这样做的时候并没有明确认识到这一点，就好像大卫为所罗门的利益而做的无私的工作一样；它是在一种无意识的过程中完成的，就像是使海底的珊瑚礁上升为水面上的环形礁时微生物所付出的劳动一样。不过，我们西方建造的这

个结构，其材料却不像它那么耐久。它里面最明显的原料就是技术，而人不能单靠技术而活。到了成熟的时间，当由许多大厦构成的普遍之屋稳固坐落在自己的基础上，临时的西方技术性框架就被拆除了——我对此毫不怀疑，我相信这些基础最终将会显现稳固，因为它们有着宗教的深层基岩。

我们已经抵达了赫拉克勒斯之柱，是该收帆的时候了，因 92
为我们对前面不是很清楚。在我们正在进入的这一章历史，物质力量的地位此刻仍在从达·伽马之前的位置朝远方移动。它从离亚洲大陆的大西洋海岸一步之遥的，仿佛是从大陆上扔出的一颗小石子般的不列颠小岛出发，正在移向北美这个一箭之隔的较大的岛。然而，波塞冬三叉戟从伦敦朝纽约的这种转移，或许标志着我们当今相互沟通的海洋时代错位效果的顶点，因为我们现在已逐渐进入到一个新时代，人类交往的物质媒介在这个新时代既不是草原也不是大洋，而是天空。在一个空中时代，人类或许已经成功地摇动自己的翅膀，摆脱了有生以来的束缚，走向了地球表面——无论是大陆还是海洋——的奇特布局。

在一个空中时代，人类事务的重心之地或许不由自然地形而由人之地形来决定，不由大洋与海洋、草原与沙漠、河流与山脉、通道与海峡的布局来决定，而由人口的数量、能源、能力、技能和性格的分布来决定。在这些人的因素中，人口数量的重要性可能最终会超过它以往的影响而更起作用。如同我们所看到的，前达·伽马时代那些分离的文明由一个小而成熟的统治少数创建和享用，它依赖新石器时代的农人而生存，如同海中老人骑在水手辛巴达的背上。新石器时代的农人是最后也是最强大的沉睡者，在他自己觉醒之前，西方就把它给惊醒了。

这个被动而勤奋的人类多数的觉醒是一件很慢的事。雅典和佛罗伦萨曾在这位睡者昏昏沉沉的眼前升起过短暂的烛
93 光，但每次他都翻翻身又陷入了沉睡。这留待现代英国在足够大的规模上以充足的能量来城市化这些农人，并让这运动围绕着地球圆周动起来。农人并没有体贴地接受这种唤醒。即使是美洲，在墨西哥和安第斯山脉的共和国中，并在魁北克省的处女地上扎下了新根，他也尽量保持原状。然而，他被唤醒的这个过程已经获得了动能，法国大革命把它带到了欧洲大陆，俄罗斯革命将它从一个海岸传播到另一个海岸，尽管如今在印度、中国、印度支那、印度尼西亚、伊斯兰地区和东欧仍有大约15亿尚未觉醒的农人——大约是人类这一代的四分之三，但他们的觉醒是早晚的事。到了那个时候，人口的数量就开始发挥作用了。

到了那时，他们的强力拉动或许会把人类事务的中心从海岛中的一个最远点拉至处于欧洲和北美的世界人口的西极与处于中国和印度的世界人口的东极近乎等距离的某一地方。以此来看这是巴比伦附近的一个地方，它在穿越大陆与它的阿拉伯半岛、非洲半岛之间地峡的古代陆路上。这个中心还可能走得更远一点，进入大陆腹地的中国与俄罗斯(这是两个历史上的欧亚游牧者的驯服者)之间的某个地方，以此来看是巴布尔的费尔干纳附近的某地，在那个熟悉的河间地带——印度、中国、伊朗、叙利亚和希腊的宗教与哲学的相遇之处与争论之地。

94 有一件事我们是颇有信心的：宗教有可能成为一个平台，这个正在到来的反向心运动将首先在这上面展示自己。这很

可能向我们提供了一个关于修正我们传统的西方历史研究方式的进一步启示。如果我们的第一条训诫是要就西方在人类统一中发挥的作用，而不是就其本身来研究我们自己的历史；那我们的第二条训诫就是在把历史作为一个整体来研究时，经济和政治的历史要放到从属位置，宗教历史放在首位。无论如何，宗教是人类的严肃之事。

附：关于鸦片在中英关系中所起作用的注解

前文主题所提及的那些条款，可能得到以下事实的支持。这些事实基于，(i)J.A.威廉森和其他成员的《历史的共同错误》；(ii)J.普拉特爵士的《中国的战争与政治》；(iii)W.C.科斯廷的《大不列颠与中国，1833—1860》；(iv)H.B.莫尔斯的《中华帝国的国际关系，1834—1860的冲突时期》。这些作品的作者无一中国人，除第四本的作者是美国人，其余均是英国人。

1. 抽鸦片烟是吸食这种毒品的最有害方式，这首先是由荷兰人(从爪哇)引入中国的。

2. 抽鸦片烟成瘾在中国广泛传播，远远超过了其他地方(比如超过了英属印度，英属印度是世界上主要——虽然从来不是唯一——的鸦片生产和输入中国的来源)。

3. 公元1773年，在印度进行统治的英国政府对鸦片销售实行了垄断，1797年又对它的生产实行了垄断。

4. 公元1800年，中国政府禁止在中国种植罂粟和从国外进口鸦片(长期以来，抽鸦片烟在中国就是触犯刑律)。

5. 公元1830年之前，英属印度政府的政策是以提高价格

来限制鸦片在国内和国外的消费；1830年以后，它实施的就是与之相反的政策，通过降低价格来刺激消费，从而获取最大的
95 税收。“这具有双重作用，一是大大增加走私鸦片进入中国的数量，二是增加印度政府积累的税收”(普提特)。

6. 公元1907年之前，印度的英国政府不愿意因禁止将鸦片从印度出口到中国而付出税收上的牺牲(英属印度政府的鸦片税收从1820年至1843年的每年约为100万英镑上升为1910年至1911年的700万英镑以上)。

7. 公元1800年至1858年期间——这一时期鸦片输入中国是非法的，鸦片走私贸易的最大份额是由英国船只承担的。

8. 大不列颠联合王国政府从来没有宣布英国国民从事鸦片走私贸易为非法，它不赞同中国政府的要求：外国商人具结保证不走私鸦片进入中国，如果违反者被抓住和定罪，就得接受中国当局的死刑惩罚。

9. (a)如果在中国民众中没有对于鸦片的强烈需求，鸦片走私贸易不可能赚钱；(b)即便英国和其他外国走私者没有积极的中国同伙的帮助，结果也会是如此。

10. 在处理鸦片走私这个具体问题，以及更广泛的与西方商人做生意、与西方政府代表打交道方面，绝大部分中国官员愚蠢轻率，不能胜任，他们中有些人还腐败：

(a) 他们视西方政府的代表为附属国国君的代理人，视西方商人为野蛮人；

(b) 他们未能制止鸦片走私进入中国；

(c) 他们中一些人纵容鸦片走私，分享其利。

11. 大不列颠联合王国政府被议会中对华贸易的影响所阻，在公元1834年至1839年这个关键时期没有给他们的驻华

商务监督以足够权威来监管英国国民。

12. 西方人抱怨他们的合法贸易受到了令人厌烦的限制，他们受到了荒唐的个人羞辱，这种抱怨是正当的。

13. 中国人抱怨(a)西方商人的到来给中国带来了大规模鸦片走私的厄运(公元 1836 年，走私鸦片进入中国的价值已经超过了中国茶叶和丝绸合法出口的总价值)；(b)广州港内英国和其他西方国家的水手酗酒、放荡和行凶，这种抱怨是正当的。

14. 1839 年，中国钦差大臣林则徐以对广州西方商人的不 96
流血抵制和封锁，成功地迫使英国驻华商务总监督查尔斯·义律与他合作，使英国商人交出了他们存放在中国土地或领海内的 20 283 箱鸦片，价值超过 1 100 万英镑。林钦差将这些没收的鸦片全部销毁，但未能终结鸦片走私。

15. 此后，英国人开始有了敌意。首先是在 1839 年 9 月 4 日，英国人在九龙对拒绝允许购买食物补给进行了报复；然后在 11 月 3 日，在穿鼻洋，英国人因拒绝交出凶手——7 月 7 日在九龙，想要得到烈酒的英国(也许还有美国)水手对中国平民进行了大肆攻击，中国人林维喜受伤致死——与中方交火。

注意：义律于 7 月 10 日就此事举行了一次司法调查，但未能确定凶手。

16. 在得知钦差大臣林则徐采取的行动后，大不列颠联合王国政府采取措施派出了一支陆海军力量远征中国，但此时并没有得到敌意行为爆发的消息。

17. 对于公元 1839 年至 1842 年与中国开战，英国政府受到了议会中的少数派和英国公众的反对与谴责。

18. 1842 年 8 月 29 日在南京签字的和平条约中，英国强迫中国开放条约口岸和割让土地，但没有让鸦片走私合法化。

19. 在英国政府的要求下，中国政府于 1858 年 10 月 13 日同意鸦片输入中国合法化，这是后者在第二次中英战争中失败以及阻止鸦片走私五十八年而未能成功之后。

20. 中英之间鸦片问题最终的结束是：(a)1907 年至 1919 年期间中国鸦片种植和印度输入中国鸦片的同步减少，后者依据的是中国政府与英属印度政府之间的协定；(b)公元 1926 年英属印度对鸦片出口的完全禁止。

注意：由于中国政局的混乱，罂粟种植后来在中国再次流行起来，随后是日本的侵略与占领。

欧洲的矮化 97

在 1914 年至 1918 年战争之前，欧洲在世界上具有无可争辩的优势，过去 1 200 年中在西欧发展的那种文明形式看来有可能在每个地方都获胜。

欧洲的优势由这样一个事实标示出来：此时还存在的八个大国中的五个，也就是说不列颠帝国、法国、德国、奥匈帝国和意大利，它们的根基都在欧洲土壤之中。第六个——俄罗斯帝国，也处于欧洲半岛的直接大陆腹地，在过去的两个半世纪中它与欧洲结合到一起，这部分是由于农业俄罗斯与工业欧洲之间巨大贸易的增长(这种贸易的发展与西欧和中欧国家的工业化同步)；部分是因为一些有着西方传统的欧洲文明的周边国家在政治上并入俄罗斯，比如波兰、芬兰和波罗的海国 98
家；部分也是由于俄罗斯人自己对西方技术、制度和观念的采用。剩下的另外两个大国——日本和美国，在地理上都不属于欧洲，而正是因为这个原因，在第一次世界大战之前，它们基本没有参与国际政治的演出，这个演出当时是在欧洲舞台上演的。然而，或许应该指出，如同俄罗斯，日本也是通过部分采用源于西欧的西方文明才得以上升进入大国之列的。至于美国，她是西欧的孩子，在1914年之前，她仍然在大量利用欧洲资本——以移民为形式的人力资本，以欧洲贷款支持的物品与服务为形式的物质资本，开发自己潜在的自然资源。

欧洲的世界优势是与西方文明的传播携手而行的。这两个运动相互补充，无法分辨谁是谁的原因或结果。很自然地，欧洲的优势促进了西方文明的传播，因为强大和高效者总是被弱小和低效者所模仿，这部分是因为需要，部分则来自钦佩(无论这种钦佩是否被公开承认)。另一方面，西方文明的传播又让那些为其固有之物的民族在与那些西方文明为外来之物的民族竞争时有一种难以估计的优势。在本世纪初到1914年
99 之间，这个世界不仅在经济上被新的西方工业体系所征服，而且被那些发明了这个体系的西方国家所征服。在第一次世界大战中，这个发明者所使用的武器突出地显示了其优势。1914年至1918年战争按照西方军事技术进行——西方军事技术当然是西方工业技术的应用，这个事实造成了德国超过俄罗斯的绝对军事优势，尽管当时德国的人力资源只是俄罗斯的一半。在1914年至1918年的战争中，如果不是西方而是中亚的战争技术处于支配地位，如同中世纪的情况一样，那么俄罗斯哥萨克骑兵就可能压倒普鲁士枪骑兵了。(这两种骑兵都有着中亚根源，这由它们的突厥名称显示出来：“奥格兰”在突厥语中表示“男孩”，“哈萨克”则是“挖掘者”的意思。)

1914年这宿命般一年的前夕，西方文明在世界各地的优势既是晚近的又是空前的。它在这样一种意义上前所未有：尽管欧洲文明之前的许多文明的影响所及远远超过了其本土，但

此前没有一个曾把其影响扩展到全世界。

在中世纪拜占庭发展起来的东正教文明，被俄罗斯人带到
了太平洋地区，但是，就西向传播而言，它本身则在 17 世纪
结束时屈从于西方影响。伊斯兰文明从中东朝中亚和中非，
朝摩洛哥的大西洋海岸和东印度群岛的太平洋海岸传播，但它
没有在欧洲得到永久立足点，也从来没有越过大西洋进入新世
界。古希腊和罗马文明将它的政治支配延伸至罗马帝国时的 100
西欧北部，它的艺术灵感则进入了印度和远东，希腊—罗马范
式在这里激励了佛教艺术的发展。然而，罗马帝国和中华帝
国在这同一个星球表面共存了两个世纪，却极少有任何直接交
往，政治上和经济上都是如此。的确，这两个社会之间的接
触如此微弱，它们透过一面黑暗模糊的镜子观看对方，如同神
秘的幻境。换言之，希腊—罗马文明和远东文明在同一时代
都在扩张充实自己的力量，但却没有相遇而碰撞。其他的古
代文明也是如此。古印度将她的宗教、艺术、贸易和移民扩
散至远东和东印度群岛，但从来没有渗透到西方。示拿土地
的苏美尔人的文明将影响扩散至印度河流域、特兰斯卡斯皮
亚、东南欧，然而，要想证明它一方面是早期中国文明之父，
或另一方面是埃及文明之父，则难以成功。有些杰出而颇为
好战的英国人类学家，他们主张所有已知文明——包括中美洲
和秘鲁的文明，都可以回溯到一个埃及起源。这些人类学家
以我们西方文明现在在世界范围的扩展为类比来支撑他们的主
题。他们认为，如果我们自己的文明在我们自己的时代扩大
到了世界范围，那么为什么埃及文明数千年之前不能实现同样
的扩展呢？这个主题很有意思，但却遇到了激烈的争论，并
被视为不可证明。我们所能肯定的仅仅是，迄今为止唯一成 101

为世界范围的文明就是我们的文明。

而且，这是一个非常晚近的事件。今天我们容易忘记在最终成功之前西欧做过两次不成功的扩展尝试。

这两次尝试中的第一次发生在中世纪时的地中海地区，对它最为通俗的称呼就是十字军东征。十字军东征，就是试图把西欧的政治和经济支配强加给其他的民族，但却完全失败了。不过，在文化的这种冲突中，西欧人却从穆斯林和拜占庭人那里受到了更深的影响，超过了他们所施加的。第二次尝试是我们这个纪元的 16 世纪时西班牙人和葡萄牙人的所为。这一次在新世界中——现代拉丁美洲社群生存于此——多少是成功的，但在其他的地方，由西班牙人和葡萄牙人传播的西方文明在大约一个世纪的试验后被抛弃了。17 世纪上半叶时，日本对西班牙人和葡萄牙人的驱逐，阿比西尼亚对葡萄人的驱逐，标志着这第二次尝试的失败。

第三次尝试在 17 世纪由荷兰人、法国人和英国人开始，这三个西欧国家是我们西方文明在 1914 年时享有的世界范围优势的主要创造者。英国人、法国人和荷兰人移民北美、南非和澳洲，建立了欧洲血统的新国家，它们以西方社会遗产开始生活，它们使得世界其他地方都进入了欧洲轨道。到 1914 年时，欧洲贸易网络和欧洲的交流手段已经扩散至世界范围。
102 几乎整个世界都进入了万国邮政联盟和国际电信联盟，欧洲那些机械运动的装置——轮船、铁路和汽车，很快就渗透到每一个地方。在政治层面，欧洲国家不仅使新世界成为了殖民地，而且征服了印度和热带非洲。

然而，欧洲的政治优势尽管在表面上比它的经济优势强大，但实际上却更为不确定。海外那些子国已经坚定地走在了通向独立国家的道路上。美国和那些拉丁美洲共和国通过革命战争早已取得了它们的独立，那些自治的英国领地也以和平进化而处在创建自己国家的进程之中。在印度和热带非洲，欧洲控制少数作为漫游者和旅居者在那里生活的欧洲人维持的，他们不觉得自己能充分适应环境，能在热带养育自己的孩子，这就意味着欧洲人对热带的占有没有独立于欧洲的运作基础。最后，西欧文明对俄罗斯人、穆斯林、印度人、中国人、日本人和热带非洲人的文化影响是如此晚近的一种发酵，现在还不可能预测它是否会蒸发而没有持久效果，或者是把面团发成了酸的，或者是成功地发好了面团。

那么，作为一种非常粗略的轮廓，这就是1914年至1918年战争前夕欧洲在世界上的地位。她享受着一种无可争辩的优势，她为自己建造起来的这种文明正处在扩散至世界范围的过程之中。然而，这一地位尽管辉煌，却并不仅仅是空前和 103
晚近的，它还是不稳定的。它之所以不稳定，主要是因为就在西方扩展正达到其高峰之时，西欧文明的基础却破碎了，由于欧洲社会生活中两种基本力量的出现和释放，它的根基松动了，这两种力量是工业主义和民主。它们被民族主义的公式带入了仅仅是暂时和不稳定的均衡中。很明显，一个正在经历内在转变和外向扩展这双重拉力——二者都规模宏大——的欧洲，必然因浪费自己的各种资源，非生产性地花费自己的物质财富和人力，或者是耗尽自己的内外精力而受罚。如果说它对各种资源的总体掌控大大地超过了任何其他文明曾经有过的，那么这些资源对他们的需求来说，也是相对的。欧洲在1914年前夕的责任以及它的资产，都达到了一种空前的量级。即使是一次世界战争，欧洲也承受不起，当我们考量它在“二战”之后世界中的地位，并将此与它在1914年之前的地位相比，就会难以想象这种反差。

在某种意义上，欧洲仍然是世界的中心；还是在某种意义
上，世界仍然为起源于西欧的西方文明所影响。然而，这两
个仍然真实有效的判断的意义已经大大地改变了，如果不加说
明的话，这样的判断就是误导。欧洲不再是一个能量和创造
精神朝外辐射的中心，它已经变成了一个非欧洲的能量和创造
104 精神聚合的中心。世界不再是一个上演欧洲活动、竞争的剧
院，欧洲自身在充当了两次世界大战的战场之后——这两次战
争都是世界在欧洲土地上打仗，现在正处在第三次成为非欧洲
力量冲突竞技场的危险之中。一个竞技场仍可以定义为中心
和公共场所，但却很难说是一个荣耀和安全的地方。

的确，还可以说，我们西方文明对世界其他地方仍在发挥
着影响。而且，如果单纯以定量方式来测度的话，它的影响
还得到了加强。比如，在两次大战之前，那些新的旅行工具
还只是少数富裕的欧洲人和美国人才能享用。在战争中，这
些工具不仅运送欧洲人和美国人，而且运送亚洲人和非洲人，
他们在所到的世界各地战区里一起打仗，或者为后方干活。
在最近这二十年或三十年中，新的机械通讯工具不仅为少数人
所用，而且为社会中的大众群体所用。汽车已经去征服沙漠
了，飞机又超过了汽车的速度；作为一种即时的长距离交流手
段，无线电加强了电话和电报的瞬时通讯。不同于铁路和电
报，汽车和收音机可以归个人私有和使用，这个特点极大地强
化了它们作为交流媒介的功效。由于各个民族在两次大战中
大规模的交融，由于战争之后这些新的机器对交流沟通的助
105 力，所以我们就毫不吃惊地看到西方文明的影响正更广、更深

和更快地渗透到世界，超过了从前。

此刻，我们看到在我们记忆中似乎从手到脚都被儒家和伊斯兰教社会遗产所束缚的中国人和土耳其人不仅吸收西方的物质技术(工业体系及其所有产物)，不仅吸收我们文化的外在之物(比如脱帽致敬和电影院之类的小把戏)，而且采用我们的社会和政治制度：西方的女性地位、西方的教育方式、西方的代议制政府机制。这样，在一场传播到整个伊斯兰世界、整个印度世界、整个远东世界和整个热带非洲世界的运动中，土耳其人和中国人就是显著的参与者了。现在看来，在整个世界中一种激进的西方化似乎不可避免了。不知不觉地，我们对这个不同寻常过程的态度改变了。以前，它以日本和俄罗斯这两个显然孤立的例子引起我们的注意，我们曾将这个例子视为“夸耀”，这或者是因为这两个国家社会遗产中的某种异常性，使得它们的民族对西方化特别敏感；或者是由于彼得大帝、凯瑟琳、解放者亚历山大和日本一群年长政治家的个人天赋和力量，从1860年代以来，他们就有意将西方模式施加于他们的国人。现在我们看到日本和俄罗斯已是一场正变得普遍的运动的先驱。随着西方人看到这个世界西方化的过程，看到它在自己的眼皮底下获得动能，他们或许会以一种欣喜而 106
惊呼：“如果欧洲真的失去了它的世界优势，只要整个世界正在变成欧洲，又有什么关系呢？欧洲会是人们永久的需要，请看看它的周围？”

然而，如果说这种惊喜心情的确曾有一刻充满欧洲人心头，也会很快被怀疑所驱散。西方文明从欧洲朝世界的传播在量上可能是一件大事，但它的质又如何呢？如果当下这个欧洲会从生命之书中被完全抹掉，那么西方文明能够在它现在被移植的异质环境中保持它的欧洲标准吗？如果欧洲被完全抹掉，西方文明还能不能生存？欧洲继续留存但失去了它原来的优势地位——这显然是它正面临的命运。那么，西方文明尽管免于灭绝，但能逃过退化吗？

当我们观看俄罗斯的现代历史——它是一个最有启发性的思考案例，更令人警觉的怀疑就会出现，因为俄罗斯的西化过程用了比别的地方更长的时间。比起在日本或中国，西欧的影响在俄罗斯要长两个世纪，比起在穆斯林和印度人中也要长一个世纪。所以，俄罗斯西方化趋势发展到现在的状况，就能够使我们通过类推来预测远东、伊斯兰、印度和非洲接下来几代在这条道路上的一种可能性。由俄罗斯揭示的这种可能
107 性——当然这只是众多可能选择中的一种，对于西方人的预期来说，是令人不安的。

欧洲人把自己视为上帝的选民——他们不需要因承认这一点而感到羞愧，因为每一个过去的文明都这样看自己和自己的遗产，当他们看着异教徒纷纷放弃他们自己的遗产，以便拿起欧洲的遗产时，他们毫不犹豫地祝贺自己和他们的文化皈依者。“又一个罪人，”欧洲人虔诚地对自己重复说，“忏悔异教徒的那些肮脏把戏了，并开始知道真实的信仰了。”

现在，这种皈依的最早效果——至少是在那些两次大战之前就转换为西方文明的民族之中，看来是证实了这种虔诚和乐观的看法。在1868年明治维新之后的半个世纪中，日本看来已经通过自己进行的巨大改革并未受损伤地走来；俄罗斯的情况则如超然的观察家在1815年，甚至迟至1914年所宣称的那样，它已经被彼得大帝放置在一条进步的道路上，尽管对它而言，这条道路比起日本来可能显得更长、更陡和更费力。一

个公允的俄罗斯观察家，无论是在 1815 年还是 1914 年，都会承认，与一个本身就属于西方文明的欧洲国家相比，西方文明的标准在近来西方化的俄罗斯已是低了许多；不过，他也会辩护，尽管有这种落后，尽管有令人失望的频繁停止，在西方文明的进军中，俄罗斯还是在快速追赶欧洲领导者。“记住，”他会说，“在这个向前的进军中，欧洲的起步早了 10 个世纪，你得承认俄罗斯追赶欧洲的步伐是很值得称赞的。”

然而，关于今天的俄罗斯，这位头脑公允的观察家又会说 108
什么呢？ 我并不建议考虑他脑中会掠过的道德评判，这与我的主题没有关系，但不管他的价值评判是什么，我想他很难避免做出下面两个事实判断：首先，如同彼得和亚历山大的福音书一样，列宁和斯大林的福音书也完全是从西方汲取灵感的；第二，西方对俄罗斯的影响已经从正面变成了负面。 第一代俄罗斯先知受一系列西方观念的启发，他们为我们西方文明的社会遗产所吸引；第二代俄罗斯先知则被另外一系列有着西方起源的观念所吸引，但这些观念却导致他们将西方视为一种末日启示的巴比伦。 除非我们分别看到 20 世纪的布尔什维克反应和 17 世纪的彼得反应，否则我们无法理解西方化对俄罗斯迄今为止的总体影响。 这二者是一个过程中连续或许还是不可分割的阶段，两个不同文明的相遇奠定了这个过程。 以此来看，我们就不会那么自鸣得意地看待西方化过程，反而会发现我们自己又想起了这个寓言：

这个不洁的灵魂从肉体中走出来，走过一些干燥之地，想找一个休息之处，却没有找到。他说：“我还是回我的家吧。”当他回来，他发现这个家已经被打扫和装饰过了。他

> 109 还是进来，并带了七个比他更邪恶的灵魂，他们钻进来，住下来。此人现在的状态比从前更糟了。

由一种西方观点来看，最早拥有俄罗斯这个“不洁灵魂”的就是它的拜占庭社会遗产。当彼得大帝进行他对欧洲的朝圣，并将所罗门视作他的全部荣誉时，他就完全拜服了。的确，拜占庭风格没有走出俄罗斯，但它的确转入了地下，在十代人的时间里，俄罗斯民族走过了干燥之地，寻找休息之处却没有结果。无法忍受在一个被打扫和装饰了的房子里生存，他们把房门踹得大开，召唤所有的西方精灵进来，在此安顿。在跨进门槛时，这些精灵变成了七个魔鬼。

这个寓言的含义似乎是：一种社会遗产不容易被移植。文化精神是守护神——如家庭守护神拉列斯和家邦守护神珀那忒斯——的房子，它们居住在那里并与人类居住者和谐相处；但进入一所陌生人居住的房子，它们就变成了怨恨和毁灭的恶魔，因为这些陌生人自然不懂让这些新神精神愉悦的微妙仪式。只要耶和华的约柜①留存于以色列的耶和华选民之中，它就是他们的护身符；但当约柜被非利士人(Philistines)夺得，耶和华的手就重重落在约柜所在的每个城市，那些选民自身也感染了异教徒们因亵渎圣物而得的瘟疫。

如果这个分析是对的，欧洲文明的影响有可能变成世界支
110 配力量，但在这个预期中欧洲会被废黜，欧洲人就不会感到多么安慰。他们对这种强大力量发生于欧洲这个事实的印象，可能比不上对另外一个同样鲜明之事实的印象那么深刻：在这

① 约柜(Ark)，又称法柜，是古代以色列民族的圣物，指放置了上帝与以色列人所立契约的柜。——编者注

种力量运行的一定阶段，它有可能会引起一场破坏性的反转。的确，这种具有影响全欧的毁灭性反冲落到欧洲自己身上，看来就是两次大战之后欧洲所处新地位面临的突出危险之一。为了评估欧洲现在面临的其他主要危险，我们必须将注意力从欧洲与俄罗斯的关系上转到欧洲与美国的关系上。

1914年后欧洲与美国关系的反转，标志着中心在欧洲的世界运动已经由离心性质变成了向心性质。美国是此前三个世纪中欧洲能量朝外辐射的一座纪念碑——它在1914年时也是这样。它超过1亿的人口是由欧洲的人力资源创造的，跨越大西洋的移民数量曾经一直扩大，形成了一条陡峭上升的曲线，直到第一次世界大战爆发那一年才跌落。同样，美国广阔疆域——这可以与除俄罗斯以外的整个欧洲相比——的自然资源的开发，不仅依赖于欧洲人力的流入，还依赖于欧洲物品的进口和欧洲服务的使用。以移民、物资和服务为形式的经济流通的正流，在1914年之前是由欧洲流入美国；以汇款和 111
对以贷款供应的物资和服务的利息支付的负流，是由美国流入欧洲。作为两次大战的结果，这种流通的方向已经引人注目地反转过来了。

这些事实是如此众所周知和令人不快，是如此不断和如此深深地刺激着我们的意识，我几乎觉得自己应该就回顾这些东西向我的读者道歉。从第一次世界大战爆发那一刻起，欧洲人前往美国的移民流就停止了；到第一次世界大战结束时，美国——它之前不仅欢迎欧洲移民，而且它那些雇主还到欧洲的公路上和乡村中去找人，动员他们到美国去——已经开始觉得欧洲移民并不是一种国家资产，而是一种国家危险了。在这个交易中，使优势平衡的是移民，而不是接收移民的那个国家。美国国内对待欧洲移民态度的这种重大改变，在 1921 年和 1924 年的两个限制法案中迅速得到了实际的体现。这对欧洲——或者更确切地说，对那些晚近有着最多的移民被美国吸引而去的欧洲国家——的经济生活的影响十分深远。

看一看意大利这个典型例子。1914 年进入美国的意大利移民人数为 283 738 人，与之相比，按照 1924 年通过的法案，这一年 6 月 30 日美国总统柯立芝宣布的每年意大利移民配额为 3 845 人。于是，意大利移民潮就部分被挡住，部分从美国
112 的空间——这个空间之所以存在，是因为美国是一个处在开发过程中的新世界——转移到法国的空间去了——这个空间之所以形成，是因为欧洲是一个因被弄成世界大战之战场而损毁的旧世界。18 世纪时，法国军队和英国军队横越大西洋，在俄亥俄河岸和圣劳伦斯河岸为拥有北美大陆而战；到了 20 世纪，美国军队也越过大西洋，以便在欧洲前线决定世界的命运。在 1914 年之前，使美国肥沃的欧洲移民流一直在扩大；从 1921 年往后，这股移民流就有意被阻止；在两次大战之间，它被美国游客前往欧洲的没有经济效果的涓涓细流所替代。

当然，两次大战之间美国游客前往欧洲的涓涓细流，尽管与此前从欧洲流向美国的移民洪流相比既小又不具生产性，但与有史以来其他任何非经济目的的旅行活动相比，却是非常之大的。而且，能有财力来进行这种旅游交通，这个事实又把我带到了欧洲与美国关系反转中的第二点，这一点是如此显明，我简单一提即可，不必展开。几乎是一眨眼的时间，美国就从世界上最大的负债国变成了最大的债权国。尽管他们对欧洲的纠缠有一种传统的厌恶，但由于新的经济形势的需要，美国人还是不得不以赊账的方式为美国的货物和服务来到

欧洲寻找市场。然而，战前欧洲在美国的投资，两次战争之
间美国在欧洲的投资，这二者却有着不幸的本质不同。在 113
1914 年之前，欧洲向美国的贷款是用于生产性支出。在两次
大战之间，欧洲向美国所借却导致了它自己的毁灭。今天，
欧洲又在绝望地向美国借钱，这不是用来开发欧洲的新资源，
而只是为了修补部分两次世界大战造成的劫后残迹。

面对着自己与美国关系的这种痛苦反转，欧洲人很自然地询问自己：“这是不是一种偶然的、仅仅是暂时的不幸，是两场异常大灾难的偶然后果，所以还可以扭转回来？或者说这有着更为悠久更为深层的原因，它的影响是难以抵消的？”我敢说，第二种可能性看来是这二者中更为可能的。尽管这两次战争促成了这种关系的反转，给这种反转一种革命性和引人注目的公开形式，但这样的反转在此前的局势中就有了内在之根，即使这些战争永远不打的话，它也会发生——尽管无疑会较为柔和、较为渐进。

为了支撑这个观点，我要提出两点以供考虑：首先，一个半世纪之前欧洲发明的而现在已传遍至世界的工业体系的性质；其次，一些较早的文明中心——比如中世纪时的意大利或古希腊——的命运，尽管不如现代欧洲传播自己的文明那样远且广，但它们也以超越自己边界来传播自己的文明而预告了现代欧洲。

我们首先来考察这个工业体系。它是在大不列颠发明
的，正值民族国家框架内的代议制政府已经成为英国生活稳固
基础的时期。有一点马上就变得很明显：一个建立在大不列 114
颠这样的地理规模之上，拥有凝聚性与团结性——这是代议制
政府的政治制度在 18 世纪末就在国家层面上给予大不列颠

的——的共同体，是这种工业体系能够赢利运作的领土和人口的最小单元。我得说，工业制度从大不列颠朝欧洲大陆各地的传播，是导致德国和意大利国家统一的主要因素之一。这是欧洲两个值得注意的领土与人口的政治团结，它们是在英国工业革命的一个世纪中完成的。1875年前后，欧洲似乎能够通过组织一些工业化的民主制民族国家形成均衡，大小如大不列颠、法国、德国和意大利这样的单元存在于1871年至1914年。然而，我们现在可以看到，国家单元基础上的这种均衡期待，只是一种幻影。工业制度和民主才是基本力量。在1870年代，这二者仍处于幼年，我们尚不能预见它们最终会发展到什么程度，不能预测在千变万化的形式中它们会采取哪一种。我们现在可以肯定断言的是，欧洲的民族国家——18世纪时法国和英国、19世纪时德国和意大利——所获得的那种规模，作为一个容纳这两种力量的容器，是太小太脆弱了。工业制度和民主的新酒灌入了旧瓶，但它们把旧瓶炸开，让其无法修复。

115 现在很难想象，这种工业体系最终的最小有效单元可以小于地球上整个可利用的表面和整个人类。同样，在工业运作朝世界范围扩展的支持下，在政治层面上，最小的单元也显示出一种规模扩大的趋势。经济领域内的这种趋势，在政治领域也有世界范围的政治组织的出现——联合国及其前身国联——与之并驾齐驱(在这种联系中，我还得说，联合国的经济和技术活动尽管最不显眼，但却不是最不重要)。然而，除了世界范围的联合国组织之外，我们在现在的政治地图上还看到了一些自治国家富有弹性的联合体如英联邦或泛美联盟，在这些联合体中，相当数量的民族国家聚集在一起。在这两个群体中，我们可以分辨出一些政治实体，较之它们所属的那个群体，它们较小也较为紧密地联系在一起，但同时又没有典型的欧洲民族国家如法国或意大利那样小。

这些超国家规模的非欧洲政治组织，发现了一种新的适应它们规模的政治形式，它们放弃了那种法国式的单一中心的组织，倾向于一种联邦制，这可以把多样和权力下放的优势与以统一联合行动完成整个联邦的共同目标结合起来。到现在为止，具有这种新的类型和规模的唯一国家还是美国，它已经成年了，已经展示了令人惊讶的证据，表明这种新型政治组织能够生成和释放什么样的经济力量和能量。然而，我们可以觉 116
察到，在类似的联邦基础或相似的地理规模上组织或正在组织自己的众多青春期国家中，唯有美国是第一个达到成熟的。除了美国，这种类型的新兴非欧洲国家，绝大多数仍然缺乏一些基本要素，这些要素对充分行使它们的潜在力量至关重要。澳大利亚联邦和阿根廷联邦共和国缺乏人口，南非联邦缺乏人口且面对着远比美国难办的种族问题。其他的不是缺乏人口就是缺乏教育，或者是缺乏政治经验和稳定，要不就是好几样都缺乏，它们之中有一些无疑过于障碍重重，从而使它们不能充分发挥自己的潜力。现在尚不可能预测巴西合众国、墨西哥共和国、中华民国、印度和巴基斯坦正在形成之政体的未来，苏维埃社会主义共和国联邦的命运也不能预测。然而，尽管海外这种类型和规模的未成熟的联邦国家有一些可能会半途而废，但极有可能的是，在接下来的一代中，在欧洲之外会有一些像美国那样类型和规模的联邦国家走向成熟，其数量至少如英国、法国和意大利这种类型和规模的欧洲民族国家一样多。这些非欧洲国家中，在量级上可以与整个欧洲一较高下的会不止一个。

所以，欧洲作为一个整体就处在一个被海外世界所矮化的过程中，这个海外世界是它自己使之出现的。而对于欧洲的
117 单个民族国家而言，又被海外新世界中的那些联邦国家所矮化。面对这种局势，欧洲会有什么样的未来？

通过过去类推，或许可以对它的未来有所知晓。无论如何，欧洲在这个世界上所取得的成就，尽管在规模上可能是空前的，但就性质而言却不是空前的，因为古希腊和中世纪意大利都预告了它。这两个早期社会都分成了若干城邦。与它们各自的世界相比，这些城邦的比例并不比一个欧洲民族国家与今天世界的比例更小。这两个社会都创造了一种宏伟的文明，并且散发出一种强烈而指向明确的能量。尽管存在着内部的分裂，尽管它们那些城邦极力主张自己的特殊性并经常有同族相残的争斗，但古希腊和中世纪意大利却都能够在它们的时代成功地建立起自己对周围异教徒们的广泛的政治、经济和文化优势。这二者在自己的伟大时代，都对那句“家和方能万事兴”的格言提出了挑战。然而，它们后来的结局却悲剧性地证明了这句格言的正确性。

在这两个例子中，上帝选民都教导异教徒追随它们的生活方式；在这两个例子中，异教徒们都学习着去追随，但那是在一个大得多的物质规模上。希腊的那些城邦发现它们自己被马其顿王国、叙利亚王国和埃及王国、迦太基帝国和罗马共和国这些更大的国家所矮化。当亚历山大时代希腊文明的扩展过去之后，它们就在地中海一带崛起，于是希腊马上就变成了这些新的希腊化国家的朝圣胜地、大学和战场。中世纪的意
118 大利也是如此，而且它的故事更为贴切，因为阿尔卑斯山脉之

外那些因意大利文艺复兴的传播而得以出现，并且从15世纪末之后矮化和支配了米兰、佛罗伦萨和威尼斯城邦的新国家，正是那些欧洲民族国家如西班牙和法国，而这些国家现在又正在我们的眼皮底下被美国所矮化。

当我们思考这些先例，有两个问题会自然涌出。首先，那些希腊和意大利的被动学生和笨拙模仿者，那些改变了信仰的异教徒，何以能够解决一个至关重要的问题——在一个更大规模上进行政治建构？他们的老师一再尝试解决这个问题，但却没有成功。第二，希腊人和意大利人怎么会一直解决不了政治团结的问题？这方面的持续失败将带来政治和经济衰败的惩罚，这一点对他们而言已经非常明显了。公元前4、3、2世纪的希腊，基督纪元15、16、17世纪的意大利，每个人都在谴责古老的地方特殊性的持续，每个人都想克服它，但超越它的每一次尝试都失败了，直至希腊人和意大利人绝望地将自己放弃给看来已不可避免的厄运。为什么这些在其他领域仍然足智多谋、富有创造性的民族在这样一个领域就如此无能，即使具备自我保存的最高动机也无济于事？

第一个问题相对容易回答。神殿外院的异教徒们之所以能够以超过希腊和意大利城邦的规模成功建构政治组织，这不是因为他们有超过希腊人和意大利人更大的政治能力或政治经验，相反，他们在这方面逊色得多；而是因为较之在一种文明 119
中心的老国家，在其边缘的新国家中进行政治建构要容易得多。之所以较为容易，是因为这里压力较小，空间较大，没有老建筑碍事，建筑师不必因此而调整他的新设计。在世界边缘的这个新国家中，政治建筑师有一片自由的空间，却无需做什么保证。哪怕他是一个傻瓜，他也可以毫不困难地建造一些较宽敞较方便的东西，这就超过了他那些受过较好训练的、较有天赋的同事所能做的，因为这些人不得不在一座古城的拥挤中心，被那些过去的纪念碑所遮蔽的狭窄地方工作。这仅仅是地理情况上的优势，而不是本地建筑师的能力，新的大规模建筑可以在郊区建造，没法在市中心建造。不过，尽管这并不是市中心那些有天赋的居民们的错，但由此带给他们的后果并不因为这一点而有所缓解。

在尝试回答我的第一个问题时，我想自己已经表明了第二个问题的答案，该问题就是为什么希腊人和意大利人在周围那些大规模国家的建构导致自己的城邦被矮化、自己的独立受到威胁时，仍然不能将他们的城邦匆匆拼凑到一起，将自己团结成为这种新规模的单一政治构造。对此的答案看来是：他们无法逃避他们自己伟大传统的拖累。在古希腊那个伟大时代——那个它创造出后来征服了世界的希腊文明时代，一个独
120 立的雅典、一个独立的科林斯、一个独立的斯巴达，它们是这片政治风景中的杰出代表。想象这些伟大时代的伟大城邦——它们是这个时代的最伟大者，在这个文明中一直伟大——的独立，竟然将会淡出这幅图景？这些城邦的独立有着与这个文明一样的根基，这也就是说，只要这个文明持续，它就根深蒂固。没有一个独立的雅典和一个独立的斯巴达，就不可能是一个希腊世界。另一方面，由亚历山大和他的后继者们在亚洲土地上建立的那些新的希腊城邦，却不珍爱独立的传统，这个传统不能允许它们自己与其他城邦结合起来，在一个更大的规模上形成一个联邦组织。在拯救依赖于创新的那些时候，这些暴发户较之老贵族更容易获得拯救。

这些先例如何对两次世界大战之后的这个新时代中欧洲的

前景——欧洲的矮化是这个时代最突出的新特征之一——产生影响，我将以对此的考察来结束本文。如同16世纪的意大利和公元前3世纪的希腊，今天的欧洲也意识到了自己的危险。这三者都完全知道这危险是如何严峻，它们明白——至少是大体上明白——它们必须去做什么才能避开这种危险。从1914年以来，欧洲人已对欧洲联盟的问题考虑很多，尽管是国际法学家在前面呐喊，但工业界、金融界，甚至是外交界的行动者也在致力于解决这个问题。

我们不妨以弗里德里希·瑙曼在1915年出版的那本杰出
的著作《中欧》作为一个出发点。一个超越民族国家规模的 121
欧洲政治单位将会很自然地首先出现在欧洲的中心，而这里的压力是最大的。在战争时期，由于两条战线上的军事作战和海上封锁，轴心国正常的生存压力会陡增。一位德国作者，脑中装有德国关税同盟的历史，其论述会自然地从一种超国家的关税同盟的观念写起，从这个起点去继续论述在公共生活的其他方面也进行合作的方案。在两次大战之间，瑙曼的“中欧”概念被其他大陆国际法学家扩展为“泛欧”概念——一个普遍的欧洲联盟，它如同瑙曼的“中欧”一样，以关税同盟作为基础。这个“泛欧”的设计看来首先是在两次大战之间的奥地利展现的欧洲的细分使这个国家成为一些独立的碎片，政治上和经济上都相互隔离，它几乎无法继续忍受1919年至1920年和平进程为其划定的边界。第二次世界大战后，这个欧洲统一的运动又重新浮现，它现在得到了美国用马歇尔计划表达出来的强力鼓励。

马歇尔计划在欧洲这一边引发的热情和认真的反应，表明欧洲已经认识到自己的危险，知道什么是适宜的防御措施，也的确想采取这些措施。然而，关键问题是：欧洲是否渴望保持或恢复几分它以前在世界上的地位——一个足以克服道路上各种障碍的强大力量？

122 最为明显的障碍或许就是下面这三个。首先，英联邦和苏联这两个超国家规模的政治组织，一半在欧洲，一半在欧洲之外，由此带来一些特殊问题。第二，工业体系扩大自己运作规模的持续趋势，这种趋势已经冲破了民族国家的束缚，在它迈向世界统一的进程中，还可能大大冲击甚至是最大的区域性联合。第三，欧洲传统的重负，它使得欧洲如果没有一个主权独立的英国或主权独立的法国，英国人和法国人就很难去热爱或珍惜这个欧洲，甚至对此难以想象；如同公元前 3 世纪和前 2 世纪时一个雅典人和一个斯巴达人很难想象一个没有独立的雅典和斯巴达的希腊。这三个障碍中有任何一个可能被克服吗？

必须坦率承认，因苏联而出现的障碍在第二次世界大战之后看来比在战前要更难跨越。在两次大战之间的边界中，不同于原来的沙皇俄罗斯，苏联实际上是在欧洲之外，因为这一阶段它并未包括一些有着西方文化传统的边缘国家，这些国家使原来的沙皇俄罗斯进入到欧洲国家之列。作为 1914 年至 1918 年战争中德国人对沙皇俄罗斯的成功入侵，以及 1917 年俄罗斯两次革命的一种成果，这些西方的中间地带就与俄罗斯分离，像芬兰、爱沙尼亚、拉脱维亚、立陶宛和波兰等独立的民族国家为了各自的利益而进入欧洲行列。然而，作为 1939 年至 1945 年战争的结果，情况出现了一种反转，很像是回到
123 了 1914 年之前的状况。三个波罗的海国家作为苏联的构成共和国被俄罗斯重新吞并，而且不仅是芬兰和整个波兰(包括原

来的普鲁士和奥地利部分)，还有罗马尼亚、保加利亚、匈牙利和捷克斯洛伐克，都被带入苏联的影响范围，尽管它们在法律上不是苏联的卫星国。实际上是两次战争之间波兰的乌克兰和白俄罗斯省份现在都被苏联拿走了，作为对此的补偿，苏联把北尼斯河和奥德河以东的德国土地分配给了波兰。除此之外，再加上苏联在德国和奥地利的占领区，我们就看到苏联的西部边界现在已经延伸至欧洲中部、北部和南部，从波罗的海延伸至亚得里亚海。

苏联政府会允许战后欧洲的一半以类似一种泛欧联盟的方式与另一半联合起来吗？我们可以猜测，莫斯科只会在一种情况下允许，这就是欧洲围绕俄罗斯核心，在俄罗斯的领导下组织自己的联盟。这样一种情况是西欧国家完全不愿意接受的。这就意味着，如果马歇尔计划的确导致欧洲出现联合，这个联合也很可能只限于苏联范围西部边界以西的那些国家。

然而，如果说欧洲联合的苏联障碍已经发展得较为强大，那么英国则很可能变得较容易克服了。欧洲联合的任何设想都会将英国置于一种两难困境。一种泛欧联盟，甚至是较小的西欧联盟，如果由英国的那些欧洲大陆邻居成功地建
立起来，英国都很难忍受站在它的外面。然而，它也同样难 124
以忍受进入一种欧洲联盟，而付出断开它与海外那些英语国家——美国和英联邦海外成员国——之关系的代价。不过，要求英国加入的这个欧洲联盟是由美国发起，目的在于成为联合起来的欧洲与美国之间更紧密关系的基础，英国的两难困境就不会出现了。事实上，正是马歇尔计划中那些让苏联不快的意图和设想，使得英国从窘迫中解脱出来。马歇尔计

划的条款允许英国得到两个世界中最好的那一个，它可以进入与自己那些欧洲大陆邻居的联合，但又不必危及已有的海外联盟的关系。如此条件的欧洲联盟，肯定能够得到英国的衷心支持。

不过，对于我们正在预测的这种众多力量的汇集，“联盟”是一个正确的名称吗？“划分”难道不是一个更确切的称呼？因为，如果在苏联的领导下东欧与苏联联合，在美国的领导下西欧与美国联合，欧洲在这两个庞大的非欧洲强国之间划分，这就是欧洲人眼中这张新地图的最重要特征。我们事实上没有得出结论吗？通过克服一直祸害自己的不统一来恢复自己在世界上的地位，这已经是欧洲力所不逮了。现在，欧洲传统的重负在这天平上已经轻如羽毛，因为欧洲的意愿不再能够决定欧洲的命运。它的未来趴伏在两个巨人的膝前，这两个巨人现在已使它黯然失色。

125 马歇尔计划还解除了我们前面所言欧洲联合之障碍中的另外一个。工业体系持续向世界范围扩展运作规模，这种趋势对仅为区域性的欧洲联合的前景很不利。马歇尔计划要结出果实，它对西欧国家的救助就靠将它们纳入一个围绕美国中心的经济体系。这个体系将包括除苏联范围之外的整个世界，因为那些西欧国家将带来它们的非洲和亚洲领地及从属国，美国会带来拉丁美洲国家和中国，英联邦的海外成员国在这种情况下也可以加入进来。在这样一种规模的经济运作里，一个欧洲联盟即使把整个欧洲都包括进来，也几乎是一个分量不重的经济单位，也就如同法国这种规模的民族国家或中世纪威尼斯这种规模的城邦。在这样一种经济视野中，当我们还没有任何机会来创建它之前，“泛欧”看似就成了一个时代错误。

如果得到一个进入几乎是世界范围联合的替代选择，西欧人也不必遗憾于“泛欧”的流产。如果欧洲曾有过的确凿无疑的世界优势被证明是一个注定要熄灭的历史的短暂好奇，马歇尔计划就至少给西欧一种安慰，可以看到它死去的霸权得到了基督教的葬礼。然而，安乐死既不是恢复也不是复活。紧接着第二次世界大战，欧洲的矮化已是一个明明白白的既成事实。

126 # 国 际 展 望

当我比较两次战争的后果时，我看到一些明显的相似之处，但有一个十分突出的不同。上一次，我们相信 1914 年至 1918 年战争是一场可怕但并不重要的中断——理性文明的历史进步道路上的干扰。我们将它视为一场事故，如同一次铁路撞车或一场地震。我们刚刚埋葬了死者，清理了残骸，就想象我们可以过上舒服的太平无事的日子，这种生活在当时被认为是必然如此的，好像这是人与生俱来的权利，人类这一代中那个格外享有特权的小小部分——西方民主工业化国家的中产阶级们，就这样认为。相比这下，这一次我们却清醒地认识到了战争行动的结束并不是故事的结束。

127 今天，在美国人、加拿大人、我们自己、我们的欧洲邻居和俄罗斯人(由这个夏天我在巴黎对俄罗斯人的一瞥来看，我得说我们可以以己推人地相当准确地估计俄罗斯人的感受)之中，在世界各地，引发了这种忧虑的问题是什么？

我告诉你们我个人的看法，如同你们将要看到，这是一个颇有争议的看法。我个人相信，这个可怕的问题是政治问题，而不是经济问题；而且我还相信这也不是世界是否会在不久的未来走向政治统一的问题。我相信这是，而且我想事实也是，我最为引发争议的一个认定，但我只是讲出自己由衷所想的东西。我相信，不管怎样，世界都将在不久的将来走向政治统一，这是一个预料之中必然发生的事情(哪怕你们仅仅只考虑两件事情：我们现在的相互依赖程度和我们现在武器的致命程度。将这两点放在一起考虑，我看不出来你们如何能得出任何其他的结论)。我觉得，今天有一个巨大而可怕的政治问题：世界是否很快走向政治统一，这不是问题；这种快速的统一会有两种选择方式，究竟会是哪一种，这才是问题。

那种老式而令人不愉快的一轮轮持续战争打到痛苦结束时，一个生存下来的大国“击倒”了它尚存的最后一个竞争者，用征服把和平加于世界。公元前1世纪时希腊—罗马世界就是以这种方式被罗马强行统一，公元前3世纪时远东世界也是以这种方式被罗马式的秦国所统一。然后，对于一种合作性的世界政府我们也有了新的试验。不，这并不太新，因为曾有过要找到一种合作方式来解决那些麻烦的尝试，但这些尝试失败了，那些麻烦事实上是由强加的“罗马和平”和“中国和平”而结束。然而，在我们这一代中，我们自己对这种 128
较为愉快的解决方案的追求已经坚决得多和自觉得多，所以我们也几乎可以将此视为新的出发点了。我们在这上面的最早尝试是“国联”①，我们的第二个尝试是联合国组织。显然，在一片基本上未知的土地上，我们开始了一种极为困难的政治

① 国联(the League of Nations)，全称国际联盟，是《凡尔赛条约》签订后组成的国际组织，“二战”结束后被联合国取代。——编者注

开创性事业。如果这个事业的确成功了——哪怕仅仅只是使我们逃出了“击倒对方的最后一拳”这样的重复循环，也能够为人类开辟崭新的前景，一种我们做各种文明尝试的这五六千年中从未见过的新前景。

看了看我们未来的希望微光之后，如果我们不去注意我们的目标与我们现在所处位置之间这条道路的漫长和艰险，那我们就陷入了一个傻瓜的美梦。除非我们充分考虑到那些“击倒对方的最后一拳”的不利现实情况，否则我们是不可能成功避免它的。

我们必须与之斗争的这些不利情况，首先就是这样一个事实：在一代人有生之年的时间长度内，那些具有最大物质实力——我们单以战争实力来衡量——的大国的数量可以依次从八个排到两个。今天，在赤裸裸的实力政治的竞技场上，唯有美国和苏联虎视眈眈地对峙着。再来一场世界大战，可能就只有唯一的一个大国留存下来，以征服者强制实施它命令的这种老方式给予这个世界政治统一。

具有最大物质实力的大国数量令人吃惊地快速减少，这是
129 因为生活的物质衡量标准突然跃升，于是就使英国和法国这样
规模的国家在与苏联和美国这样规模的国家相比之下矮化了。这样一种突然跃升以前在历史上发生过。在四五百年之前，威尼斯和佛罗伦萨这种规模的城邦也被突然出现的英国和法国这种规模的国家所矮化。

无疑，因美国和苏联而导致的欧洲国家的矮化，不管怎样在时间过程中都会发生。我得说，这是晚近开辟北美和俄罗斯广阔空间不可避免的最终结果，是更为晚近的西欧实验室发明的技术方法被用来大规模开发它们那些地方的资源的结果。

不过，这个不可避免的过程所用的时间原可能长达百年，但两次世界大战累积起来的效应却将百年压缩成为它的三分之一或四分之一。如果变化没有这样加速的话，那就会是一个渐进的过程，可能会让所有各方有时间让自己多多少少不太痛苦地适应它。由于两次战争加速的结果，它就变成了一次革命过程，让所有各方都陷入窘境。

对于欧洲观察家而言，认识到一点很重要(如同一个人在美国亲身观察时会认识到的)：物质力量的这种加速转移，从欧洲内圈那些较古老的国家转移到美洲和亚洲外圈的较年轻国家，对于美国人来说，其窘迫之感也如同我们一样。对于他们相对无忧无虑的19世纪，美国人是很怀念的。与此同时，他们较之1914年至1918年战争之后的自身或我们，更清楚而 130
普遍地认识到，再也不可能把时钟拨回到那个舒服的战前时光了。尽管他们很不喜欢这种阴郁的前景，但他们知道现在必须置身于这个世界之中了。他们正面对着自己历史中这并不想要的新章节，想到将会叫他们到希腊和土耳其，以及如总统所警告的还会接踵而来的其他外国去做的技术和经济方面的事情，他们尚有一种不甚乐观的信心；然而，当他们被提醒人不能单靠面包活着，要想在非西方的国家中让西方标准的民主成功地适应那里的环境——他们干预这些国家就是为了这个目的——他们将不得不既卷入经济也卷入政治，他们表达了某种沮丧。对那些国家的政治犯进行甄别，让这些国家的政府释放那些应该得到自由的人？确保这些国家的警察从一个镇压党派政府的政治敌手机构转变为一个保护国民之自由的机构？在这些国家的法庭上带来相应的改革？如果你对今天的美国人说这些，告诉他们一旦让自己卷入这些国家，就不可能不去尝试这些政治追求，他们会惊呼美国不会命令国民到海外去做这种事情。

到政治落后的外国去承受政治责任，这种不易在美国人的
131 头脑中突然唤起了对大英帝国之未来的关注。我得说，如同绝大多数场合中人们的绝大多数感受一样，这种关注部分是利己的，部分是公正的。美国人头脑中的利己考虑是这样一种前景：如果大英帝国会崩溃，那就会出现一个巨大的政治真空，比起希腊和土耳其这样的无主地带要危险得多，为了阻止苏联，美国发现自己被迫进入其中。就在美国人认为大英帝国已处在清偿债务之时，他们意识到了大英帝国的存在给他们带来了方便。然而，美国人这种新近激起的对大英帝国的关注，在很大程度上也是无私和热心的。我想，美国对不列颠帝国主义的谴责传统是与一种无意识的假设相伴的——不论好坏，大英帝国是世界上建立起来的永久制度之一；现在，美国人确实相信大英帝国已濒临绝境，他们开始遗憾自己政治视野中如此突出、如此熟悉的这个事物马上就要消失，并意识到大英帝国为世界所做的那些服务，当他们把这些服务的持续视为理所当然时，他们对此是不看重和几乎不注意的。

1946 年至 1947 年冬天，美国对大英帝国态度的突然变化，是美国对当前事态解读的结果。与此同时，有两个事实在冲击美国的想象：一个是英国民族遭受的物质苦难，另一个是 1948 年联合王国政府做出的撤出印度的明确决定。将这二者放在一起，这些事实就使美国人产生了大英帝国已经“贫困
132 潦倒”的印象，而美国评论家们又以他们那种追求轰动的方式，将大英帝国从 1783 年以来的全部演变压缩成了一个突发事件，与此同时又假设这种变化完全是自然而然的。如同绝

大多数美国人所认为的那样，联合王国是突然变得十分虚弱，再也不能靠武力来保持帝国了，他们之中看来很少有人认识到英国在失去 13 个北美殖民地的事件中已经得到了深刻的教训，并且从那以后一直努力从中汲取教训。

在一些美国人无知的头脑中有这样一种印象：英王乔治三世的帝国在昨天之前一直没有改变地存在着，今天突然就破碎了。然而，不管美国人的这种想法对我们会显得多么离谱，对于英国人来说倒并不一定令人吃惊。对碰巧不在我们成年经历之中的事情，我们全都倾向于不加批判不经修正地记住一些我们童年时期教给我们的粗糙和愚蠢的观念。比如，曾经有过或现在还有这样的英国学童传说，说法国人没有能力来统治他们的属国或管理落后民族。美国人对大英帝国的一般看法也与之相似，是基于他们在学校中学到的美国革命战争时的传说，并非任何对当今事实的第一手的成熟观察。比如，许多美国人甚至显示出对加拿大如今状态的无知，尽管他们自己可能就与加拿大人保持着经常的个人联系，如果他们与加拿大人有这种联系的话，他们就会本能地将加拿大人视为与美国人自己同一性质的站立起来的自由民族。然而，若把加拿大与英国、美国两两放在一起并重新看看事实，他们就不可能继续 133
想象加拿大在他们的时代仍然受唐宁街的统治，要向英国交那些美国人从来没有向英国国库交过的赋税。

这就在很大程度上解释了为什么大英帝国结构内发生的这个变化，其速度和特点会被许多美国头脑误解。不过，对这些误解该有的纠正全都完成之后，英国的批评家反过来就会面对一个事实：不同于其构成，大英帝国力量上的变化不仅非常之大，而且相当之快。事实是，就纯粹的实力政治——纯粹的战争潜力——而言，现在只有两个大国留了下来彼此对峙，这就是美国和苏联。美国对这个事实的承认解释了由“杜鲁门主义”的宣布所引发的反省。美国人认识到，因为两个原因，这是美国历史上的一个转折点。首先，它使美国走出了传统的孤立；其次，总统的举动也可能变成——不管这在多大程度上取决于他的本意——对国际事务整个进程的一个推动，使其脱离尝试实现政治性的世界统一的新的合作方式，转而朝向老式的决斗方式，在实力政治的厮杀中打到最后回合，以“击倒对方的最后一拳”的强力达到世界的政治统一。

现在，在回顾了支持采取这种古老解决方案的环境之后，我们必须提醒我们自己“击倒对方的最后一拳”会是何等彻底
134 的灾难，以此鼓励我们自己在两种选择中取得较好的那一种。“击倒对方的最后一拳”将判定人类至少还要打一场世界大战。第三次世界大战将使用原子武器和其他也许致命性毫不逊色的新式武器。而且，在此前的那些情况中——比如秦国对中国世界的武力统一，以及罗马对希腊—罗马世界的武力统一，姗姗来迟的政治统一的实现，靠的是“击倒对方的最后一拳”，付出了过高的代价，这个代价就是诉诸武力把统一强加给社会所造成的致命伤害。

如果我们想想物质方面的损坏，估计一下不同文明在毁灭和重建上的能力，那么开出两张很严格的可以比较的资产负债表——一张是我们现代西方文明的，另一张是希腊—罗马文明和中国文明的——可能并不容易。无疑，比起中国人和罗马人，我们拥有的重建和毁灭的能力都要大得多。但另一方面，一种较为简单的社会结构，它自发的恢复能力要比一个复杂社会结构大得多。当我看到我们大不列颠的重建项目因缺

乏熟练工人和深加工后的材料而阻滞，而且尤其可能仅仅因行政机器的复杂受阻，我的思维就回到了 1923 年我在土耳其见过的一件事。一个土耳其村庄在遭受了 1919 年至 1922 年希腊—土耳其战争最后阶段的蹂躏之后开始重建。这些土耳其村民并不依赖外面的人力和物力，他们也不受那些繁文缛节的支配。他们就用自己的双手，用自己能够找到的木材和泥土重建他们的房舍，更换他们的家庭器具和农具。谁又能估计纽约在第三次世界大战后，能否像 1922 年之后的耶尼克艾经 135
历的一样好，或者和公元前 146 年以后的迦太基经历的一样糟？不过，因这种自我加害而造成的文明死亡，倒不是这样一种物质意义上的。无论如何，过去是精神创伤被证明无法治愈，从那以后，尽管有着文化上的种种不同，但人们的精神性质具有一致性，所以我们可以猜测，由“击倒对方的最后一拳”造成的精神毁坏在各种情形中有着大约相同的致命程度。

然而，如果实现世界政治统一的强制方式会造成无法估算的灾难，那么合作方式本身也充满了困难。

比如，目前我们可以看到那些大国正在尝试——也许是不可避免地——同时做两件事情，这两件事不但不同，而且在军事上是相互对抗，在长期的竞赛中是势不两立的。这些大国试图提出一个合作性的世界政府的新体系，但不能预测它成功的几率；它们同时又担心这个体系可能失败，为了保护自己于是又不停地想方设法对付对方，这还是那种古老的方式，那个实力政治的游戏，它如果持续下去，只能导致第三次世界大战和“击倒对方的最后一拳”。

联合国组织可以很公正地被形容为一架政治机器，在美国和苏联之间实施着最大限度的合作。这两个大国在赤裸裸实

力政治的最后回合将是主要对抗者。现在的联合国构成体现了美国和苏联目前所能做到的最大程度的合作。这种构成是
136 一个非常松散的联盟，一些调停天才如查塔姆研究所(皇家国际事务研究所)和莱昂内尔·柯蒂斯[①]已经指出，这种松散联结的政治联合在过去从未证明能够稳定或持久。

1939年至1945年战争之后的联合国组织，处于类似独立战争之后的美国那样的阶段。在两种情况下，基于对一个危险的共同敌人的一致担心，战争期间的各州、各国就组成了松散的联合。这个共同敌人的存在犹如一个救生圈，使这个联合能漂浮起来。当这个共同敌人被击败而不复存在，那个因它而发起的联合就会沉没或漂离。这种纽带的存在并非可有可无，它是由共同的敌人所提供的最有效帮助。在战后这样的情况中，一个松散的联盟不可能长久保存它原来的状态，或早或晚不是破裂就是转变成为一种真正有效的联盟。

一个联盟要想取得一种持续的成功，看来需要构成国家的高度同一性。的确，在瑞士和加拿大，我们看到了成功克服语言和宗教巨大差异而结成有效联盟的典型例子。然而，今天有任何头脑清醒的观察者敢于提出一个日期，说美国与苏联之间的联盟到那时就会成为现实政治吗？如果联盟要拯救我们，使我们免于第三次世界大战的话，这两个国家就必须联合起来。

在合作努力通向世界统一这一既定目标的道路上，那些明
137 显的困难决不能让我们气馁，因为这种合作会带来一些独特的、其他选择提供不了的好处。

---

① 莱昂内尔·柯蒂斯(Lionel George Curtis, 1872—1955)，英国官员、作者，一手推动了英帝国联邦制的确立。——编者注

必须有这样一种世界政府的构成形式，尽管一些国家的战争潜力已不能与苏联和美国相比，但它们继续被认为是大国，而且发挥着大国作用。在一种甚至更不讲究实力分量的世界共同体中，英国、西欧大陆国家和那些自治领能够继续在国际事务中发挥影响，这种作用要远远大于它们的战争潜力与“两大国”相比的那个比例。在一种甚至是半议会性的国际论坛上，这些国家的政治经验、成熟程度和公允温和可以发挥重要作用，与布伦努斯之剑①的更重分量形成一种平衡。相反，在一个纯粹实力政治的世界中，在与美苏的比较之下，这些高度文明但物质实力不强大的国家则会被视若无物。在第三次世界大战中，它们全都会——或许南非、澳大利亚和新西兰除外——成为战场。英国和加拿大尤其逃不掉，对此加拿大人，包括英国人，都是清楚知道的。

当我们看着面前这种危险局势，一些进一步的问题又会浮现出来。

不同于个人之间的关系，在政治领域，“两个和尚有水吃，三个和尚没水吃”的说法完全不正确。八个大国，哪怕是三个大国，如果能够聚集在一起，设法建立一种合作性的世界政府的困难就会少一些；如果不多于两个的话，困难则要大得多。这种明显的反差提出了一个问题：是否有可能形成第三个大国，它能够在所有的层面上都成为美国和苏联的对等
物。在实力政治的竞技场上它的战争潜力不亚于美苏，在国 138
际会议室内，就目前这种政治创新事业——国际关系处理中用

① 布伦努斯之剑(Brennus’ Sword)，公元前5世纪，法国人的祖先高卢人攻陷洗劫了罗马，罗马人答应上缴赎金。在赎金过磅秤时，罗马人提出高卢人提供的磅秤不公平。高卢人领袖布伦努斯拔出宝剑扔在磅秤上，说了一句旷世名言：“战败的人活该倒霉。”——编者注

宪法政府的高尚设计来取代物质力量的盲目较量——而言，它在道德与政治上与美苏平等。

英联邦集体能够在每一种意义上都发挥这第三股巨大力量的作用吗？ 英国自己不再有物质力量来维系这种作用了。 对于这个问题的简短答案，我想是：“就纯粹的统计试验而言，是这样的；就地理和政治试验而言，则并非如此。”

在一个宪制世界的决策商议中，英联邦那些成员国可以发挥重要作用，因为在不多的政治成熟的国家中它们占了很大比重，也因为它们会以差不多同样的声音来说话——这倒不是因为它们的政策受到管制、经过商量，甚至是事先协调过了，而是因为它们的政治、社会和精神传统中有一些至关重要的共同之物，当它们各自走上朝向自治目标的道路后，这些东西继续以它们彼此之间那种不同寻常的紧密友好关系的形式存活着。然而，为了将这个共同体转变为第三个大国，就必须让它和它的成员共同强大，共同施加影响，这个共同体的国家必须将它们自己整合为一个巨大的军事联合体，如同任何时候的苏联和战时的美国一样，做到高度中央集权。 然而，提出这种要求，只是为了显示这是相当不现实的。 这将意味着 1783 年以
139 来英联邦一直在走、有意要走的那条路要倒转了，意味着在晚近这一个半世纪的进程中，这种进化的累积成果——联合王国的人民和英联邦中那些实现了自治的国家的人民一同珍惜的共同成就——被废弃。

一个人不能既想保存自己那张饼又想把它吃掉。 当英联邦中许多部分都展示或发展出一种管理自己的自然倾向时，一个人不能既把自己的财富置于旨在实现最大程度自治的逐渐转让之中又期待去掌控一种集体军事力量，这种集体军事力量被

莫斯科政府——就以它来作为一个最中肯的例子吧——在晚近的6个世纪中持续而自觉地建立起来了，付出的代价是自由、多样性和其他的政治与精神益处，而这些东西正是那些英联邦国家放弃联合力量而为自己争取到的。英联邦国家不能否定它们的理想和拆散它们为自己编织的历史之网，即使它们能，它们也不会这样做；即使它们能并将要实行这种左倾神话之事，它们也会把这种天生权利抛入虚空，因为不管英联邦的典型优点和成就做出多大的牺牲，无论是在政治上还是地理上，英联邦都永远不可能团结得足以在原子战争时代的军事力量上与美国或苏联抗衡。在实力政治的游戏中，一个团结起来的英联邦仍然还是个兵卒，最多也就是骑士，永远不会是皇后。

如果英联邦不可能在1939年至1945年战争后的世界中充 140
当“第三大国”的角色，那么这个角色能否由一个欧洲合众国来担任？初看起来，这个建议似乎也颇有前景，但它其实是经不起考察的。

希特勒曾经说过，如果欧洲真想成为我们这个时代的一种世界力量(当然，希特勒所言是指野蛮的军事力量)，那么欧洲就必须欢迎并采纳元首的政策。这个严酷之言无疑说出了真实。唯一能够想象的在战争潜力上可与苏联或美国对抗的欧洲，只能是希特勒的这种欧洲——被德国武力征服而统一，在德国统治下团结起来的欧洲。在德国优势之下统一的欧洲对于所有的非德国欧洲人来说，都是极其令人厌恶的。他们中有些人一生中曾经有过两次被德国占领和统治的可怕经历，绝大多数人都经历过第二次世界大战中的德国占领，少数幸免者也曾经离这场大火很近，足以被它的热浪波及，因而与那些被烧毁者是一样的感受。

在一个排除了苏联和美国的欧洲联盟中——就假设而言这也就是试图创建一个欧洲的“第三大国”的开始，即使这个联合起来的欧洲从一开始得到的就是一个解除武装、去掉中心，甚至分裂的德国，德国早晚会用某种手段升至顶端。在美国
141 与苏联之间的区域里，德国占有一个居高临下的中心位置。德意志民族是欧洲最大民族的一半；德国人居住的欧洲中心(还不算奥地利或讲德语的瑞士部分)，控制了欧洲重工业总资源——原材料、工厂和人力技能——的压倒性多数；而德国人在为战争组织人力和非人力资源方面的擅长程度，如同他们管理自己的笨拙程度，也如同他们统治其他民族时令人难以忍受的程度。在一个不包括美国或俄罗斯的统一欧洲中，不管是什么条款，从一开始起，德国就会包括进来，天长日久，它会成为这样一个欧洲的主人，即使它在两次大战中用武力未能得到的优势这一次是以和平渐进的方式归属于它，也没有非德国的欧洲人会相信德国人一旦意识到这种力量已在他们的掌握之中会有智慧或自制不去扬起马鞭猛踢马刺。这个德国难题看来就是创建一个欧洲“第三大国”的不可克服的障碍。

在今天这样一个世界中，一个军事上团结的欧洲不会有比一个军事上团结的英联邦更靠得住的希望来期待自己能与美国或苏联抗衡，即使它以牺牲自己珍视的自由为代价。尤其是在西欧(西欧是欧洲的心脏)，民族个性的传统如此之强大，即使是最有可行性的欧洲联盟也会过于松散，在实力角斗中仍然不过是兵卒，即使这个统一的欧洲在西边包括了不列颠群岛，在东边包括了现在处于俄罗斯支配下的那些国家，即使欧洲各民族作为一个整体尽它们最大的努力吞下了希特勒那难吃的福音。

那么，我们到什么地方去寻找我们的第三个大国呢？如 142
果不是在欧洲也不是在英联邦，那么肯定也不是在中国或印度，因为尽管它们有着古老的文明和庞大的人口、疆域和资源，但这样两头猛犸象被证明是最不可能在历史关键时期发挥它们的潜在力量的。这个历史关键时期，我们可以猜想，就在我们前面。我们只得得出一个结论：我们不能希望以增加具有最大军事力量的国家数量来减缓目前国际形势的紧张，哪怕是在如今彼此对峙的两大国之外再增加一个都不行。这就把我们导向了最后一个问题：通过一种宪章性的合作来快速实现世界统一的目标，在这方面我们看不到什么出路；那么我们能不能找到某种方式来推迟那种可怕的用武力统一世界的替代选择呢？两个分开的政治世界——一个处于美国领导之下，另一个由苏联支配——能不能划定边界呢？如果它们之间环绕地球的分界线能够不经这两大国的战争而划定，一个美国世界和一个俄罗斯世界能不能在同一个星球的表面，彼此不开战地并存一段较长的时间？如同在不同的社会和技术传统下，一个罗马世界和一个中国世界曾经这样共存了几个世纪，没有战争，而且几乎没有任何类型的交往。如果我们能够通过暂时隔绝来为和平赢得时间，也许这条分界线两边政治领域的社会气候就可能逐渐相互影响，直至它们变得足够相似，才有可能让美国和苏联在一个吉时进入相互之间有效的政治合作之
中。眼下，由于现在分隔它们的意识形态和文化鸿沟，它们 143
是做不到的。

美国和苏联彼此间实施“无暴力，不合作”达 30 年、50 年、100 年，有没有这样的前景呢？如果一条分界线能够环绕世界来划定，会为它们在自己的范围内留出足够的活动空间

吗？ 如果我们单纯从经济上考虑，对这个问题的回答将是鼓舞人心的。 这两个巨人都有足够的经济活动空间，这不仅仅是在它们自己的影响范围内，而且是在各自的政治边界内。使得纳粹德国和当时日本统治者发动侵略战争的动机之一，就是他们不能为一小部分年轻人之外的更多人提供能够满足其期待的工作，甚至是任何工作。 相比之下，今天的俄罗斯和美国在人们还记忆犹新的许多年以前，就为未来各代准备了足够的发展空间。 如果人仅仅就是经济人的话，那么在这个世界上的美国、苏联没有理由在未来各代发生冲突。 然而，不幸的是，人既是经济动物也是政治动物。 他不仅因需求而奋斗，而且还因担忧而奋斗。 在观念和意识形态的层面上，俄罗斯和美国不可能轻易自守自家，以耕种自己那个丰饶园子的方法来避免穿过对方的路。 在这个层面上，这两个大国的社会气候无疑会相互影响，但这种相互影响未必就是和平的效果，它或者就会导致相互间的同化，但也有可能带来雷雨或者
144 是爆炸。 无论是资本主义世界还是共产主义世界，都无法对来自对方的颠覆性影响免疫，因为二者都并非它们所自称的人间天堂，在它们保护自己、抵挡对方颠覆的那些措施中，正好显示了它们的害怕。 苏联使用铁幕来挡住外面的世界，能言善辩地讲着自己的故事；而资本主义这一边也有相应的、虽然不那么愚民的对共产主义宣传的恐惧。 在民主国家中，这种恐惧虽然不以政府对个人交往的禁止来表现，但它很容易燃烧成为一种极为恐慌的歇斯底里。

所以，恐惧就可能做需求难以做到的事——导致苏联和美国相互冲突。 不过，人们可能会询问，这怎么会导致因战争而来的直接折磨呢？ ——两个对手之间有着如此之大的力量

差异。美国有着工业设备方面的巨大优势，现在又因垄断着原子弹制造技术更胜一筹。它比起苏联来强大许多，所以并不急于去夺取自己对手早已紧紧控制的一些国家。今天，对于美国来说，显然可以坚守自己与苏联之间无主地带中自己选定的任何国家的保护国地位，不必担心苏联试图用公开的力量进行反击。这一点可以在美国能够把它的庇护扩展至希腊和土耳其而苏联无可奈何中看出，这两个国家接近于苏联在乌克兰和高加索的粮食产区和军工基地的门口处。这将意味着美国以自己的力量来划定美苏范围的这条分界线，而这条线是贴 145
着苏联政治领域的边缘的。在一个被分割的世界中，这将给美国带来最大的份额。所以，初看起来，我们会倾向于得出这样一个结论，即认为这场争论将非常明显地增加美国早已大大超过苏联的优势。

然而，深入思考的话，这个结论可能需要修正。在世界的这样一种划分中，美国的优势从统计学上来讲是压倒性的，然而这却只是一种理论上的，而且可能是误导的比较基础。就政治、社会和意识形态而言，力量的比例能与地域、人口和生产力领域一样吗？由美国领导的世界的四分之三或五分之四，能在政治、社会和意识形态上非常紧密地团结起来，足以不受俄罗斯宣传活动的影响吗？或者以相反的另一种方式来提出最后这个问题：我们这个设想的美国影响范围内的居民主体，要到什么程度才能被目前还相当保守的美国的那种彻底个人主义的福音书吸引过去？

现在的美国意识形态非常强调自由的价值，但对社会正义的需要似乎就不那么关注。对于一种本国出产的意识形态而言，这一点并不令人吃惊，因为今天美国的最低生活水平已经是异乎寻常地高，已经没有迫切的需要来抑制有能力者、强者和富人的自由，从而将基本的社会正义分出一小块，分配给无能力者、弱者和穷人。当然，美国民众这种物质上的福利，
146 在今天的世界上是一种例外之物。人类这一代中的绝大多数人——从美国的外国移民或其他族裔后代组成的下层社会，到将近十亿的中国、印度的农民与苦力，他们是今天的“被剥夺者”，他们正越来越意识到自己的困境，越来越不满于现状。在一个并非平等划分的星球上，遭受着痛苦的人类多数，大部分都会站在这条分界线的美国一边，而要理解这些完全非美国的穷苦人的问题，就要求他们的美国引领者有一种几乎是神奇的想象力和仁慈同情。对于美国人来说，这正是他的阿喀琉斯之踵，而对于俄罗斯人来说，却正是他在对手田地中播种有害之物的机会。从俄罗斯人的角度来看，这种局势中似乎正是充满机会，通过自己的宣传至少可以部分补救因美国发明原子弹技术而被打破的平衡。

在这个划分的世界中，美国不得不担心俄罗斯宣传对处于美国庇护之下的大量非美国人口的效果，而苏联政府则是害怕资本主义生活方式对任何接触过它的苏联公民的吸引力。所以，如果这种局势中没有其他因素的话，稳定与和平的前景显然是不乐观的。幸运的是，有第三个因素，而且是一个建设性的因素可以由英国和其他几个西欧大陆国家来提供。

147 在战后的历史阶段中，这些西欧国家处于一种中间位置，一边是美国和英联邦的海外自治领，另一边是政治和经济落后的国家。西欧战后的情况并非共产主义所开绝望药方形容的那样糟糕，英国人、荷兰人、比利时人和斯堪的纳维亚人对于墨西哥人、埃及人、印度人和中国人中那实实在在“被剥夺”

的大多数还是有吸引力的。然而，此时的西欧又没有繁荣到可让私营企业支撑天下，这仍然只出现在格兰德河以北的北美。在这种情况下，英国和它的西欧邻居们每个都尝试在不受限的自由企业与无限制的社会主义之间要找到一种可行的妥协，既适应它们自己此时此地的经济情况，又能够随着这种情况的变好或变坏而进行更改。

如果这些西欧社会主义试验能够获得任何程度上的成功，它们或许就可以证明自己对整个世界的福利作出了某种有价值的贡献。这倒不是说它们可以作为“蓝图”自动应用于其他地方，因为世界上的不同民族虽然通过西方的许多发明拉近了彼此之间的距离，但在政治上、经济上、社会上和心理上仍然因一些需要时间来克服的差异而相互分隔。在社会进化这一阶段的世界中，一种世界性问题的地方性和临时性的解决方案在一个国家内通过反复试验而适应了这一时期的本地情况，但在这个国家之外它就不适用了。然而，或许就是在这里，我们接触到了西欧国家能够为今天世界所提供的服务。美国自 148
由企业意识形态的一个棘手之处——如同俄罗斯共产主义意识形态的棘手之处一样，正在于它代表一种社会“蓝图”，想作为万能之药来治疗每一种已知社会环境中的每一种可以想到的社会疾病。但是，这并不吻合真实生活的那些事实。在真实生活中，凡是能够第一手观察或通过记录来重建的任何一种社会体系，都是一种混合体系，处于纯粹社会主义和纯粹自由企业这些理论两极之间的某个地方。政治家的任务就是去敲击这个全音阶中与他所处时代所处之地的具体社会环境相适应的那个音，找到自由企业与社会主义的适当混合，驱动他的国家之车在此刻行走的爬坡路上前行。今天的世界，最重要的就是把自由企业对抗社会主义这一问题的意识形态框架去掉，不是把它们视为准宗教的信仰和狂热，而是作为一种常识性的、反复试验的实践问题，找到具体环境与适应性之间的较好配合。

在我们历史的前一章，如果西欧能够在这个方向影响世界的其他地方，那可能就不仅仅是对繁荣的巨大贡献，而且也是对和平的崇高服务。它可能成为那些逐渐打破美苏之间社会、文化和意识形态障碍的因素之一。然而，如同本文中不止一次表明过的那样，这个世界必须有一个最低限度的宪制合作政府，以便联合王国或荷兰这种物质规模的国家能够对国际社会发挥影响，在这个国际社会中，由于不时袭来的物质生活
149 规模的变化，就纯粹的战争潜力而言，留存下来的大国就只有苏联和美国这两个规模惊人的巨人了。

在一个并不平等地划分为美国范围和苏联范围的世界中，西欧的影响能否起到它有益的统一之效？如果能够，那么在我们对合作的世界政府的第二种尝试同第一种一样失败之后，这可能就是能够退却的第二条线。当然，如果联合国组织能够走向成功，那将再好不过了。对于这一点，我最为诚挚地建议各位，这是一个我们要尽自己全力来争取实现的目标，不要因那些困难而让自己感到沮丧或打消念头，不管这些困难多么令人丧气，它们毕竟依然只是初生的联合国事业的伴生物。

文明经受考验 150

I

我们西方目前对历史的展望是非常矛盾的。一方面我们的历史眼界在空间和时间这两个维度上都大大扩展了，另一方面我们的历史视野——我们实际上看到的，而不是我们选择看到的——却快速收缩到一片狭窄地带，如同一匹马通过它的眼罩所见，或者是一艘潜艇的指挥官通过他的潜望镜所见。

这无疑是不同寻常的，然而这还只是这一系列矛盾中的一个，而这种矛盾看来是我们生活的这个时代的典型特征。还有一些其他的例子，它们在我们绝大多数人脑中或许隐约可见。比如，我们的世界已经上升到一种前所未有的人道主义情感程度，所有的阶级、民族和种族的人们，现在已经有了对他们人权的承认。然而，与此同时，我们或许又陷入了前所未闻的阶级斗争、民族主义和种族主义的深渊之中。这些恶劣情感在那些冷血的、科学计划的残忍中找到了发泄。这两

151 种互不相容的心理状态和行为标准在今天并排而立，不仅仅出现在同一个世界，而且有时是在同一个国家，甚至是同一个人身上。

同样，我们现在既有了空前的生产，也有了空前的短缺。我们发明了可以替我们干活的机器，但我们却比以前更少地把劳动用于为人类服务——甚至是那些最基本最初级的服务，比如帮助母亲们照料她们的幼子。要么是广泛的失业，要么是人力的缺乏，我们在这两者之间轮替。无疑，我们扩展的历史眼界与我们收缩的历史视野，这二者的对比在我们这个时代是很典型的，然而看看它本身，其矛盾程度还是令人震惊!

首先，让我们提醒自己晚近以来我们历史眼界的扩展。就空间而言，我们西方的眼界已经扩展至这个星球上可居住和可进入之表面上的所有人类，以及这个星球在其中不过是极小微尘的恒星宇宙；就时间而言，我们西方的眼界已经扩展至晚近这 6 000 年中升起又衰落的所有文明，以及 60 万到 100 万年之前人类起源的史前历史，乃至大约 8 亿年前这个星球上的生命历史。我们的历史眼界得到了何等惊人的扩展！然而，与此同时，我们的历史视野又在收缩，它正在收缩为局限于我们恰巧是其公民的那个共和国或王国的狭窄时空之内。那些留存下来的最古老的西方国家如法国或英国，到现在为止，持续的政治存在没有超过一千年；那些现存的最大的
152 西方国家如巴西或美国，就地球表面人居区域而言，也是非常之小的部分。

在我们眼界开始扩展之前——在我们西方航海家环航地球之前，也在我们西方宇宙起源论学者和地质学家提出宇宙在时

间和空间上的界限之前，我们前民族主义时代中的那些中世纪祖辈就有了较我们今天更为宽广和公正的历史眼界。对于他们来说，历史并不意味着一个人自己那个本地群落的历史，它指的是以色列、希腊和罗马的历史。即使他们错误地相信世界是公元前4004年创造的，但追溯到公元前4004年也比仅仅追溯到不超过《独立宣言》之时或“五月花”航行之时或哥伦布或亨吉斯特和霍萨之时要好一些。(事实上，尽管我们的祖辈未必知道，但公元前4004年恰巧是一个非常重要的时刻，它大致标志着被称为文明的这种人类社会的一些代表的首次出现。)

同样，对于我们的祖辈而言，罗马和耶路撒冷意味着远远超过自己家乡的更多东西。当我们的盎格鲁—撒克逊祖先在基督纪元6世纪结束时皈依了罗马基督教后，他们学会了拉丁文，由于懂得了拉丁文又得以去研究那些圣典和世俗文献的宝藏，并前往罗马和耶路撒冷朝圣——当时的旅行是那样困难和危险，现代战时通行与之相比简直是儿戏。我们的祖辈看来头脑开阔了，这既是一种了不起的智力优点，也是一种伟大的精神美德，因为国别史在它本身的时间限制和空间限制中对这些情况是无法理解的。

II 153

就时间维度而言，如果你只从英格兰人来到不列颠开始，是无法很好理解英国历史的，如同仅仅以英国人来到北美为开始来理解美国历史一样。同样，从空间维度看，如果你把它从世界地图上挖下来，排除对起源于这个国家边界之外的任何事情的考虑，你也不可能理解这个国家的历史。

美国和不列颠联合王国的国家历史中哪些是划时代的事件？ 从今天朝从前依次追溯，我会说这些是两次世界大战、工业革命、宗教改革、西方的航海发现、文艺复兴、皈依基督教。 现在，我反对任何人在讲述美国或联合王国的历史时不将这些事件作为基本点，或者说将这些事件作为美国本土事务或英国本土事务来解释。 在任何一个西方国家的历史中解释这些重大事件，一个人能够使用的最小单位也得是整个西方基督教世界。 这个西方基督教世界，我指的是罗马天主教和新教世界——对罗马教宗依然保持忠诚的追随者们，以及那些已经与教皇断绝关系的原追随者们。

然而，西方基督教世界的历史在它自己的时间限制和空间限制中也无法理解。 比起美国或联合王国或法国来，西方基督教世界已是一个历史学家所用的更好的研究单位，但在检验
154 之下，它还是被证明不充分。 从时间维度而言，它只回溯到罗马帝国西部崩溃后的黑暗时代(Dark Ages)的结束，也就是说只回溯了不到 1 300 年，1 300 年还不到 6 000 年的四分之一，而 6 000 年是由西方基督教世界所代表的这种社会的存在时间。 迄今为止人类社会存在三代文明，而西方基督教世界属于第三代。

在空间维度中，西方基督教世界的狭隘限制就更为惊人了。 如果你将世界地图作为一个整体来看，你会发现这小块地方是由一个大陆——亚洲，它也是由一些半岛构成的——和一些外围岛屿构成的旱地。 那么，西方基督教世界尽量扩展的最远边界在哪儿呢？ 你会发现这朝西是在阿拉斯加和智

利，朝东是在芬兰和达尔马提亚[①]。这四个点之间就是西方基督教世界最宽广时的领域。这么一块领域相当于什么呢？只是亚欧半岛的那个尖端，再加上两个大型岛屿。(当然，我说的这两个大型岛屿是指北美洲和南美洲。)即使你再添加上西方世界在南非、澳大利亚和新西兰的那些边远和不确定的立足点，它目前总的居住区域在这个星球表面的居住区域中也只占到一个很小的部分。在它本身的地理范围内，你无法理解西方基督教世界的历史。

西方基督教世界是基督教的一个产物，但基督教并不兴起于西方世界，它兴起于西方基督教世界的边界之外，它兴起的这个地区如今处于另外一个不同文明——伊斯兰教——的领域。我们西方基督徒的确曾经想从穆斯林那里夺得我们宗教 155
在巴勒斯坦的摇篮。如果十字军东征成功了，西方基督教世界就会稍稍扩展一些自己在非常重要的亚洲大陆的立足处。但十字军东征却以失败而告终。

西方基督教世界只是今天世界上留存下来的五个文明之一，自这种社会代表性文明在6 000年以前第一次出现以来，曾经先后存在过19种文明，现在只剩下其中的5种了。

III

首先来看另外四个留存下来的文明。如果一个文明在大陆——我指亚洲的坚实大陆——立足处的坚固程度可以大致表

① 达尔马提亚(Dalmatia)，克罗地亚的一个地区，包括亚得里亚海沿岸的达尔马提亚群岛和附近1 000多个小岛。——编者注

明这个文明的相对寿命，那么，与我们自己的基督教世界相比，其他四个留存下来的文明用人寿保险行业的行话来说就是“较好的寿命”。

我们的姊妹文明——东正教，跨坐在从波罗的海到太平洋半岛、从地中海到北冰洋的整个大陆。它占据了亚洲的北半边和亚欧半岛的东半边。俄罗斯俯瞰着所有其他文明的那些后门，从白俄罗斯和西伯利亚东北部，它俯瞰着我们这个西方世界的波兰和阿拉斯加后门；从高加索和中亚，它俯瞰着伊斯兰教和印度教世界的后门；从西伯利亚中部和东部，它俯瞰着远东世界的后门。

我们的异父姊妹文明——伊斯兰教，在这个大陆上也有坚实的立足处。伊斯兰教的领域从中国西北部、亚洲大陆的心
156 脏一路延伸至亚非半岛的西部海岸。在达喀尔，伊斯兰世界掌控着一个靠近海峡的大陆，该海峡将亚非半岛与南美洲岛分开。伊斯兰教在亚洲的印度半岛也有一个坚实的立足处。

至于印度社会和远东社会，就不需要去论证说明4亿印度人和4亿或5亿中国人在这个大陆有坚实的立足处了。

但是，我们不能因为这些文明恰巧是此刻的留存者，就夸大它们之中任何一个的重要性。如果我们不是用“寿命”而是用成就来考量，那么关于相对成就的大致展示或许就要看一些单个人物的诞生，他们给人类以长久的赐福。

那么，作为人类这一代最伟大恩人的这些单个人物是谁呢？我会说：孔子和老子，佛陀，以色列和犹太的那些先知，琐罗亚斯德、耶稣和穆罕默德，以及苏格拉底。人类这些永远的恩人恰巧没有一个是五个现存文明中任何一个的孩子。孔子和老子是一个现在已经熄灭的早期远东文明的孩子，佛陀是一

个现在已经熄灭的早期印度文明的孩子，何西阿、琐罗亚斯德、耶稣和穆罕默德是一个现在已经熄灭的叙利亚文明的孩子，苏格拉底是一个现在已经熄灭的希腊文明的孩子。

在最近这400年中，所有这五个现存的文明都开始了相互之间的接触，这是因为它们之中两个的作为，一个是西方基督
教世界从亚欧半岛的尖端越过大洋的扩展，另一个是东正教穿 157
越宽广的整个亚洲大陆的陆地扩展。

西方基督教世界的扩展显示出两个特征：具有海洋性，迄今为止它是唯一一个严格意义上在世界扩展的文明，其延伸越过了地球表面的整个居住区域；另外，靠着现代机械手段“征服时空”，西方物质文明的传播还将世界不同部分带入到远远超过从前的紧密物质联系之中。然而，即使是在这些方面，西方文明传播的不同也只是程度上的，在种类上与同时代的俄罗斯东正教的陆地传播，与较早的其他文明的类似传播并无不同。

有一些早期的传播，它们对人类现在的统一作出了重要的贡献，作为必然的结果，促成了我们人类历史眼界的统一。现在已经熄灭的叙利亚文明由腓尼基人朝西传播到亚欧半岛和亚非半岛的大西洋海岸，由希米亚里特人和涅斯托利人朝东南传播到亚洲的印度半岛的尖端，由摩尼教徒和涅斯托利人朝东北传播到太平洋地区。它在两个方向是海上传播，在第三个方向是陆地传播。来到北京的访客会看到叙利亚文明陆地文化征服的令人吃惊的遗迹。北京清朝的三种文字的铭文中，满文和蒙古文是用我们字母表的叙利亚形式书写的，而不是用中文汉字。

现在已经熄灭的文明的传播，其他的例子还有希腊文明由

希腊人在海上朝西传播至马赛，由罗马人在陆上朝北传播至莱
158 茵河和多瑙河，由马其顿人在陆上朝东传播至印度内陆和中
国；以及苏美尔文明由它的伊拉克摇篮出发，在陆地上的所有
方向传播。

IV

作为一些文明依次传播的结果，世界的整个居住区域就被统一为一个单一的巨大社会。使得这个过程最终完成的那次传播，就是西方基督教世界的现代传播。但是，我们得记住：首先，西方基督教世界的这个传播只是完成了世界的这种统一，而不是造成这一过程继续下去的因素；第二，尽管世界的统一最终是在一个西方框架内实现的，但西方现在的世界优势肯定不能持续。

在一个统一的世界中，那十八个非西方文明——其中四个活着，十四个已经熄灭，一定会重新加强它们的影响。在一代代和一个个世纪的进程中，统一的世界逐渐朝向多种多样构成文化之间的均衡，西方构成会逐渐降至一种适当的位置，以它与其他留存和熄灭的文明比较而来——西方社会通过它的现代扩展使得自己与这些文明有了交往，也让它们彼此之间有了交往——的自身价值，它能够期待得到的就是这样一个位置。

我感觉，从这个角度来看，历史就对我们这一代和之后各
159 代历史学家提出了下面的呼吁。如果我们要提供我们有能力
为人类同胞作出的全部服务——帮助他们在一个统一的世界

中找到他们的方位，我们就必须做出那种不可或缺的想象努力和意愿努力，打破我们自己国家和自己文化的这种地方和短暂历史的禁锢之墙，我们必须让我们自己习惯于历史的整体概况。

我们的第一个任务就是要把所有已知文明——留存的和熄灭的——的历史作为一个整体来理解，并将此呈现给其他的人。 对此，我相信可以采用两种方法来达成。

一种方法就是研究各个文明的相遇，对此我已经提到了四个突出的例子。 文明之间的这些相遇具有历史启发性，这不仅是因为它们将若干文明带入到一个视觉焦点内，而且是因为这些文明的相遇导致了较高宗教的诞生——最早可能是苏美尔人对圣母和她那位受难死而复生的圣子的礼拜；犹太教和琐罗亚斯德教——它们由叙利亚文明与巴比伦文明的相遇而传播；基督教和伊斯兰教——它们由叙利亚文明与希腊文明的相遇而传播；大乘佛教和印度教——它们由印度文明与希腊文明的相遇而传播。 人类在这个世界上的未来——如果人类在这个世界上将会有未来的话，我相信，就取决于晚近这 4 000 年中出现的这些较高宗教(除了第一个，它们全都出现于最近这 3 000 年中)，而不取决于那些以其相遇而为这些较高宗教的诞生提供了机会的文明。

将所有已知文明的历史作为一个整体来研究的第二种方 160
法，就是对它们的单个历史进行比较研究，将它们视为同一种人类社会的许多代表来观察。 如果我们将这些文明的历史划出一些主要阶段——它们的诞生、崩溃和衰落，我们就可以一阶段一阶段地比较它们的经历。 通过这种研究方法，我们或许就能在它们各自的独特经历中归纳出它们具体的共同经历，这些共同经历是专属于这种人类社会的。以这种方法，我们或许就可以弄懂被称作文明的这种社会的形态学。

如果使用这两种研究方法能够让我们获得一种统一的历史眼界，那我们就很可能发现我们需要对今天西方之镜所看到的各个文明和民族的历史做出一种非常深远的调整。

在开始调整我们的历史视野时，我建议我们应该明智点，同时对两个可供选择的假设进行判断。一个假设是：不管怎样，人类的未来可能不会是灾难性的，即使第二次世界大战也没有被证明是最后一战，我们也可以在一批世界大战的未来战争中生存下来，如同我们已经在前两个回合中生存下来了一样，我们最终将挣脱灭顶之灾进入平静水域。另外一种可能性则是：前两次世界大战可能只是一种我们正走向的超级灾难的序幕。

第二种较令人不快的假设有非常大的现实可能性，这是因为在我们成功地废止战争这种习俗之前，人类不幸地发现了怎样使用原子能。我们时代的世界生活中的这些矛盾和悖
161 论——我拿它们作为我的出发点，看起来也像严重的社会和精神疾病的症状，它们的存在——这是当代历史图景中那些不祥征兆之一——也是另外一种标志，表明我们应该采纳两个可选择假设中较令人不快的那一个，它的可能性要大得多，而不仅仅是一个冷笑话。

不管是哪一个假设，我建议我们历史学家应该将自己的注意力——也引导我们听众和读者的注意力——集中于一些文明和民族的历史上，根据这些文明和民族过去的表现，不管是哪种假设的未来在前方等候人类，长期而言，它们在一个统一的世界中似乎有可能走到前面。

V

在一个统一的世界中，如果人类的未来整体上是愉快的，那么我要预测在旧世界中的中国人有未来，在北美岛上则是加拿大人。不管人类在北美会有什么样的未来，讲法语的加拿大人绝对会走到故事结束，我对此是颇有信心的。

假设人类的未来会是非常灾难性的，我会预测——甚至在几年前就预测，我们可能会有一种什么样的未来，这将取决于藏族人和爱斯基摩人，因为这两个民族直到非常晚近之前，都一直占据着一种不同寻常的受保护的地位。当然，这里所说的“受保护”不是指自然环境带来的严酷，而是指免于因人的愚蠢和邪恶而带来的危险。在满足自己的实用目的上，从旧石器时代中期开始，人类已经是自然环境的主人；但也是从那个时候开始，人仅 162
有的危险——也是一些致命的危险——就已是来自人自身。然而，藏族人和爱斯基摩人的家园也不再受保护了，因为我们已经处于就要能够飞越北极和飞越喜马拉雅山的时候了，而且加拿大北部和西藏(我认为)有可能成为未来苏美战争的场所。

如果人类将要经历使用原子弹杀人的疯狂，我个人将期待中非的矮小黑人俾格米人能够救出人类现在遗产的一些零星部分(他们在菲律宾群岛和马来半岛的东方堂表兄弟姊妹们很可能会随着我们一起毁灭，因为菲律宾群岛和马来半岛现在都变成了危险性很大的地方)。

我们的人类学家说这些非洲矮小黑人对上帝的性质和上帝与人的关系有一种出人意料的纯洁和崇高的信念。他们或许能够给人类一个新的开始。如果发生了这种情况，我们会损失晚近6 000年到1万年的那些成就，但与人类业已存在的60万年到100万年相比，6 000年到1万年又算什么呢？

大灾难的极端可能性就是我们可能成功地消灭了整个人类，包括非洲矮小黑人和所有人。

就这个星球上生命的过去历史证据而言，即使是这种极端也并非完全不可能。如果我们认为人类从旧石器中期起建立了他们目前的这种优势是正确的，那么，到现在为止，人类在地球上的支配也就仅仅10万年，与生命在这个星球的表面业
163 已存在的5亿年或8亿年相比，10万年又算什么呢？在过去，其他的生命形式享受着它们对地球的支配，这持续了几乎是难以想象的漫长时间，但最终还是走到了终结。曾有过巨大的甲壳爬行动物的支配时代，这可能持续了大约8 000万年，从1亿3 000万年前到5 000万年前。但爬行动物的支配时代早已终结。远在这个时代之前——也许是3亿年前，有过巨大的盾皮鱼类的支配时代——这种生物已经完成了活动下颚进化的巨大成就，但它的支配时代也走到了终结。

人们认为有翅昆虫是在大约2亿5 000万年前出现的。也许那些较高级的有翅昆虫——这些具有自身社会性的昆虫在创造制度化的生活上走在了人类前面，仍然在等待它们支配地球时刻的到来。如果蚂蚁和蜜蜂有一天获得了人类在他的时代所拥有的一点点智力，然后形成了自己透视历史的眼光，它们可能会把哺乳动物的出现和哺乳动物人类的短暂支配视为几乎不相干的插曲，“充满着喧哗与骚动，没有任何意义”。

在我们这一代，我们面临的挑战，就是要留意不让这种对历史的解说变成真的。

俄罗斯的拜占庭遗产 164

I

如果这是一次布道而不是一篇文章，那么必用的主题就是贺拉斯[①]的一句名言："就算你用草叉将天性扔走，它还是倔强地要回来的。"

俄罗斯现在的政权宣称已经与俄罗斯的过去彻底切断了关系——也许不是在所有细小的外部之物上，但无论如何在绝大多数重要事情上是如此。西方曾经对布尔什维克此言信以为真，以为他们说到做到。我们对此相信而且颤抖战栗。然而，反思告诉我们，拒绝一个人的遗产并不那样容易。当我们试图拒绝过去时，就如同贺拉斯所知道的那样，过去又以一种狡猾的几乎没有伪装的方式重返我们身上。一些熟悉的例子或许可以把这一点讲清楚。

1763 年，英国对加拿大的征服看似完全改变了北美的政治

① 贺拉斯(Horace，公元前 65—前 8)，古罗马诗人、批评家。——编者注

地图，它结束了因法国人对圣劳伦斯河流域和英国人对大西洋
165 海岸的竞争性殖民而造成的这个大陆的分隔。然而，这种彻底改变的外观却被证明是错觉。1763 年被统一起来的两块领地于 1783 年再度分离。的确，在这个再次分离的大陆上，现在圣劳伦斯河流域是英国人的了，而此前英国人占据的是大西洋海岸。不过，北美英国疆域的这种调换，与这个大陆统一二十年之后又分成两个政治上分离的部分相比，只是一个很小的变化。

同样，1660 年的王权复辟通过重组英国新教教会，完全改变了英国的宗教生活，这个新教教会在 16 世纪结束之前已分裂为圣公会派和长老派。然而，外观在这里仍然是错觉。16 世纪的脱离圣公会主义，到了 18 世纪又以不信奉国教的新的卫理公会教派的出现而再次重申。

在法国也是同样。罗马天主教曾认为自己以镇压异端而一劳永逸地重建宗教一致是成功了，但这种希望一再破灭。阿比尔教派被镇压了下去，但又作为胡格诺派冒了出来；胡格诺派被镇压了，他们又作为詹森派出现，詹森派是罗马天主教徒中最接近加尔文派的；当詹森派被镇压后，他们又作为自然神论者冒出来。今天，法国人分裂为教士派和反教权派，这仍然是 13 世纪时天主教徒与嗣子派(或者说是阿比尔派真正信
166 仰的教义)之间分裂的复制，尽管在过去这七个世纪中，有过一再的尝试，要强行让法国民众进入宗教一致。

贺拉斯的主题有这些明显的历史例证，这让我们可以试着去考察今日俄罗斯与过去俄罗斯的关系。

在俄罗斯，马克思主义具有作为一种新秩序的外观，因为如同之前彼得大帝也把一种新的生活方式引入俄罗斯一样，马

克思主义也是来自西方。如果西方化的这些安排是自发的，那么似乎可以将它们作为真正的新起点来呈现。然而，俄罗斯对自己的这种西方化是自愿的还是被迫的呢？

关于这一点，笔者的个人看法如下：在过去将近一千年的时间内，俄罗斯人并不是我们西方文明的成员，而是拜占庭文明的成员。拜占庭是一个姊妹社会，如同我们的社会一样出自同一个希腊—罗马起源，但却是一个独特的与我们自己文明不同的文明。这个拜占庭家族的俄罗斯成员总是对被我们西方世界压倒性的威胁持强烈的抵抗，而这种抵抗一直保持到今天。为了使自己免于被西方征服和同化，他们一直在驱使自己掌握我们西方的技术。在俄罗斯历史上，这门绝技至少曾经两次被获取。第一次是由彼得大帝获取，然后第二次就是布尔什维克了。这种努力之所以要重复进行，是因为西方技术一直在发展。彼得大帝要掌握的是17世纪西方的造船和训练军士的技术，布尔什维克则要得到我们西方的工业革命，就 167
如同西方以发现制造原子弹的技术而再次走在俄罗斯前面，他们也要尽快迎头赶上一样。

所有这些就把俄罗斯人置于一种困境。为了避免迫于武力彻底西方化，他们就不得不自己部分地西方化，这样一来，也就不得不采取主动以确保西方化的适时和这个讨厌过程是在允许范围之内。当然，关键的问题是：一个人能不能既设法部分采纳一种外来文明，同时又不至于一步步被吸引至将其作为一个整体来采纳？

回看一下俄罗斯与西方关系史的一些主要章节，我们就会找到对这个问题的答案。在西方，我们有一个观念，即认为俄罗斯人是一个侵略者。的确，通过西方的眼睛来看俄罗斯，它总是这副面貌。我们将它视为18世纪瓜分波兰时最大份额的吞噬者、19世纪波兰和芬兰的压迫者、今日战后世界中的主要侵略者。在俄罗斯人眼中，情况恰恰是相反。俄罗斯人将他们自己视为西方侵略的持续受害者，而从一个更长的历史进程来看，俄罗斯这个观点的合理性可能要超过我们的料想。如果能够找到一位真正超然中立的调查者，他可能会报告说，俄罗斯18世纪对瑞典和波兰的胜利是反击，他们在这些反击中获得的领土与其说是属于俄罗斯与西方的关系问题，不如说是俄罗斯此前和此后领土丧失给西方的问题。

168 “瓦兰吉人”①通过夺取可通航的内陆水道的控制权，从而建立了自己对内地的原始斯拉夫人口的统治，创造了一个俄罗斯国家的最早雏形。这些人看来是斯堪的纳维亚蛮族，受到了查理曼大帝统治下西方基督教世界朝北进展的惊扰而流动起来，既朝东走也向西行。他们留在祖国的那些后代皈依了西方基督教，而且他们又越过了俄罗斯的西向视界，成为了后来的瑞典人。他们由粗野人转变为宗教异端，但不用作为侵略者再被人对付了。然后，在14世纪，俄罗斯原来疆域中最好的那一部分——几乎是白俄罗斯和乌克兰的全部——从俄罗斯东正教版图中剪除，它被立陶宛人和波兰人所征服而并入西方基督教世界(14世纪波兰人对俄罗斯原来在加利西亚土地的夺取，直到1939—1945年战争的最后阶段才被俄罗斯夺回来)。

17世纪，波兰入侵者深入到当时尚未征服的俄罗斯部分，远至莫斯科，由于俄罗斯一方付出了最大的努力，他们才被赶了出来；瑞典人通过吞并直至波兰疆域北部边界的波罗的海的

---

① 瓦兰吉人(Varangians)，公元8世纪时，迁入南俄草原的北欧诸民族。——编者注

整个东海岸，将俄罗斯赶出了波罗的海。1812 年，拿破仑重复了波兰人 17 世纪的开拓；在 19 世纪和 20 世纪之交过后，来自西方的打击又急又猛地频频落到俄罗斯头上。德国人在 1915 年至 1918 年入侵了它，越过了乌克兰，抵达了外高加索。在德国人崩溃之后，轮到了英国人、法国人、美国人和日本人在 1918 年至 1920 年从四个不同的地方侵入俄罗斯。然后是 1941 年，德国人又回来进攻了，并比以往更可怕更无情。 169
的确，18 世纪和 19 世纪俄罗斯军队也进入西方的土地打仗，但他们的进入总是作为一个西方国家的盟友来对抗西方家庭争吵中的另一个西方国家。在两个基督教世界几个世纪的战争编年史中，事实看来俄罗斯通常是侵略的受害者，而西方人通常是侵略者。

俄罗斯人因倔强地追随一种相异的文明而招致西方对它的敌意，直至 1917 年布尔什维克革命之时，东正教的拜占庭文明就是俄罗斯身上的那个“兽性徽章”。俄罗斯人是在 10 世纪末接受东正教的，而且这是他们自己的有意选择，这一点很重要。他们本来也可以追随自己的东南邻居——草原上的哈扎尔人，在 8 世纪时皈依了犹太教；或者是追随自己的东边邻居——伏尔加河下游的白色保加利亚人，在 10 世纪时皈依了伊斯兰教。尽管有着这些先例，但俄罗斯人还是做出了自己的独特选择，采纳了拜占庭世界的东正教。在土耳其人于 1453 年夺得君士坦丁堡使得东罗马帝国的最后残余灭绝之后，此时已经成为俄罗斯东正教抵挡穆斯林和拉丁人之聚焦点的莫斯科公国，就自觉地从希腊人那里将拜占庭遗产拿了过来。

1472 年，莫斯科大公伊凡三世在君士坦丁堡迎娶了东罗马

170 帝国最后那位头戴皇冠者①的侄女佐依·巴列奥略。1547年，伊凡四世(“可怕的伊凡”)加封自己为沙皇或东罗马皇帝。尽管这个职位是空的，但他就任此职却极为大胆。俄罗斯王公过去一直是基辅或莫斯科大主教的教会臣属，而大主教又是君士坦丁堡的全基督教牧首的下属，而牧首作为一位高级神职者又是君士坦丁堡的希腊皇帝的政治臣民。现在，牧首的称呼、头衔和特权要从俄罗斯的伊凡大公这里来接受了。最后的决定性步骤是在1589年采取的。此时君士坦丁堡的全基督教牧首已是土耳其人的仆人，其统治受到了诱导或强迫，在一次访问莫斯科时，他将他原来的下属莫斯科大主教提升到一个独立牧首的地位。希腊的全基督教牧首一直持续到此时，被承认为正教教会首领中的居首位者，而正教教会尽管在教义上和礼拜仪式上统一，但在管辖上却是各自独立。俄罗斯正教教会从它的独立得到了承认起，就成为了所有正教教会中事实上最为重要的，因为它当时在人数上是最强大的，也是唯一得到了一个强大的主权国家支持的教会。

从1453年往后，俄罗斯就是唯一一个在任何方面都不受穆斯林统治的基督教正教国家，土耳其人对君士坦丁堡的夺取遭到了俄罗斯做出的剧烈的复仇——一个世纪之后，“可怕的伊凡”从鞑靼人那里夺取了喀山。这是俄罗斯接管拜占庭遗产的又一步，而俄罗斯并不仅仅是因非个人的历史力量的盲目
171 作用而得到这个角色的。俄罗斯人非常清楚他们要干什么：16世纪，普斯科夫的一位僧侣西奥菲勒斯给统治期为伊凡三世与伊凡四世之间的莫斯科大公巴兹尔三世写了一封公开信，以一种引人注意的清晰和信心将这种心态展示出来：

① 即君士坦丁十一世。——编者注

> 旧罗马教会因其异端而倒下，第二罗马君士坦丁堡的那些大门被异教徒土耳其人的斧头砍开，然而莫斯科的教会，这新罗马的教会却比整个宇宙的太阳更明亮……两个罗马都倒下了，唯有第三个坚实屹立，因此不会再有第四个了。

所以，以这种对拜占庭遗产的有意和自觉的接受，俄罗斯也就接受了拜占庭对待西方的传统态度，这不仅是在 1917 年革命之前，在此之后也是如此。

拜占庭对待西方的态度其实很简单，西方人对此应该并不难理解。的确，我们其实应该能够与之产生共鸣，因为它也是出自我们自己正巧也拥有的那种奢侈得不大可能的信念。我们“法兰克人”(拜占庭人和穆斯林这样称呼我们)真诚地相信我们是以色列、希腊和罗马的选定继承人，是上帝给亚伯拉罕的允诺的继承人，有了他，所以就有了未来。尽管近来的地质学和天文学发现使我们宇宙的边界在时间和空间上如此辽阔地扩展，但我们的这种信念也没有动摇。从原始星云到原
生动物，从原生动物到原始人类，我们一直追踪着一个神力指 172
定的宗谱，它最高的目的就在我们自己身上。拜占庭人也是这样，只是他们授予自己那个不大可能的长子继承权——以我们的西方体系来看，这是属于我们的。上帝给亚伯拉罕的允诺的继承人，具有独特前途的民族，不是法兰克人，而是拜占庭人，这就是这个神话的拜占庭版本。当然，这个信念有着非常实际的必然结果，当拜占庭和西方争执时，拜占庭总是对的，西方总是错的。

显然，这种正统之感和天命之感——它已被俄罗斯人从拜

占庭希腊人那里拿了过去——如同此前那里的东正教天命一样，正是现在俄罗斯的共产主义政权的特征。无疑，马克思主义是一种西方信条，但它是一种将西方文明“放在危险之中”的西方信条。所以，对于其父辈是19世纪的“亲斯拉夫人者”，其祖父辈是忠诚的东正教徒的20世纪的俄罗斯人来说，不需要对自己继承下来的对待西方的态度做任何重新定位而成为一个忠诚的马克思主义者，这是可能的。对于俄罗斯马克思主义者、俄罗斯的“亲斯拉夫人者”和俄罗斯的东正教徒来说，俄罗斯都是“神圣的俄罗斯”，而高尔吉亚和维多利亚女王的西方世界、斯迈尔斯的“自立”和坦慕尼协会统统都是异端、腐败和衰微的。这种信条允许俄罗斯民众去保存这种传统的俄罗斯对西方的定罪而无需做出任何改动，与此同时又可让俄罗斯政府用作手段来对俄罗斯进行工业化——这是为了让俄罗斯免于被已经工业化了的西方征服。这种信条就属
173 于那种神灵所赠的天意合用的礼物，它们会自然地落到上帝选民的掌中。

II

今日的马克思主义俄罗斯，似乎并未丢失俄罗斯的拜占庭遗产，让我们较为深入地看一看。回溯中世纪早期，拜占庭在小亚细亚和君士坦丁堡的希腊的历史，我们这个姊妹社会的显著特征是什么？我想，有两点最为突出：确信拜占庭总是对的(我们前面已经提到)以及极权主义国家制度。

确信总是对的，这个萌芽首先是在希腊人那里生长出来，

当时他们远远没有感觉到超过西方的优势，反而是处在一种极
为羞辱的不利之中。 在几个世纪中一直把自己的政治生活弄
得一团糟之后，希腊人终于得到了罗马人强加给他们的和平。
对于希腊人来说，罗马帝国是生活的一种必然，与此同时又是
对他们自尊心的一种难以忍受的侮辱。 所以，对他们而言，
这就是一种可怕的心理困境。 把罗马帝国说成是一种希腊事
业，他们借此走出了这个困境。 在罗马皇帝安东尼的时代，
希腊文人把罗马帝国表现为柏拉图哲学国王之理想国的现实实
现，从而拥有这样的罗马帝国观念；而有行动力的希腊人则得
到了担任罗马帝国公职的许可。 基督纪元 4 世纪，罗马皇帝
君士坦丁把他的新罗马建立在拜占庭，这是一座希腊古城之
地。 君士坦丁堡的这些讲拉丁语的创建者原想让它如同罗马
本身一样拉丁化，但仅仅到了 200 年后的查士丁尼时代，尽管
查士丁尼是拉丁语言的热心支持者——如同君士坦丁一样，拉 174
丁语是他的母语，拜占庭就又希腊化了。 5 世纪时，罗马帝国
在包括意大利本土的西部崩溃，但它在那些希腊和半希腊化的
东方行省中生存了下来。 6 世纪和 7 世纪之交，在教皇大格里
高利的时代，拉丁的旧罗马已是一个被帝国遗弃和忽略的边远
村落，希腊的新罗马现在是帝国的中心和权力宝座。

直到这一天，如果你问一个希腊农民他是谁，他会暂时忘掉学校所教的“希腊人”说法，而告诉你他是“罗姆约人”，即一个都城位于君士坦丁堡的理想中永恒的罗马帝国的讲希腊语的东正教臣民。 使用“希腊人”这个名称来指“现代希腊人”，这是一种复古，是基督纪元 6 世纪之后的一种特殊用法，“罗马人”(现在指正教教会的讲希腊语的信徒)与“希腊人”(指异教徒)的对立，取代了“希腊人”(指文明人)与“野蛮

人”的古典对立。这看起来像是一场革命性的变化，但天性本身“是倔强地要回来的”。尽管有着这种变化，但对于希腊人而言，有一件事的超级重要性保持不变：希腊人总是对的。只要异教的希腊文化是优越的标志，希腊的荣耀就可以体现于“希腊人”。然而，当局面转变，希腊文化出局并在外围的黑暗中成了野蛮的同伴时，希腊人就改变了自己的调子，声明他是基督教罗马帝国的臣民。希腊文化可以丧失社会地位，只要希腊人不丧失社会地位。

所以，敏捷地维持自己作为王国真正继承人的头衔——不
175 管是哪个王国，希腊正教基督徒就将拉丁基督教世界“放在危险中”。9世纪时，君士坦丁堡的希腊全基督教牧首福蒂乌斯指出，西方的基督徒已变成了分裂分子。他们篡改了教义，塞进了一种没有得到授权的“和子说”。拜占庭总是对的，但此刻它更有一个特别原因，要让西方基督教界为错。福蒂乌斯在拜占庭基督教界与西方基督教界之间这场政治争辩的第一个回合中——他本人就是这场争辩的一个领头战士，针对拉丁人做了这样一个颇具损害性的神学解释。

如同今天美国与苏联之间的争辩，这场争辩也是要争夺两个竞争对手之间那片政治上和意识形态上空白领地的追随者。9世纪时的蛮族——它们在“民族大迁徙”时占据了从君士坦丁堡一直到维也纳的东南欧，开始感觉到它们邻居的基督教文明的吸引力。这两个基督教世界，它们到哪一个中去寻找光明呢？去拜占庭的希腊正教世界，还是法兰克人的拉丁天主教世界？审慎告诉它们要考虑这两个基督教力量哪个在地理上更接近，隔得越远，政治上就越不危险。所以，“面对”法兰克人的摩拉维亚(Moravian)蛮族就转向了君士坦丁堡，而

“面对”拜占庭人的保加利亚蛮族就转向了罗马。如同今天
的希腊和土耳其，由于位于俄罗斯而非美国的门口，于是就转
向了华盛顿而非莫斯科。一旦这些建议提出而且没有被拒
绝，西方与拜占庭之间争夺东南欧这个战利品的竞争就开始
了。利益纷争是如此之大，竞争几乎注定要以决裂来结束。 176
由福蒂乌斯引发开来的这场危机，却出人意料地因匈牙利人的
闯入而延迟。这批新来的蛮族跨多瑙河而据直至9世纪结
束，东正教世界与天主教世界于是恰好又被分隔。然而，由
于匈牙利人在10世纪结束时皈依了西方基督教，两个竞争的
基督教世界之间的争吵就再次爆发，而且很快恶化成为1054
年的最后分裂。

从那以后，拜占庭的骄傲就遭遇了一系列可怕的打击。来自西边的法兰克基督徒和来自东边的土耳其穆斯林，现在同时进攻拜占庭世界。围绕着莫斯科的俄罗斯内陆，是东正教世界唯一没有最终失去自己政治独立的部分。拜占庭文明在小亚细亚和巴尔干半岛的故乡完全被淹没了。它们崩溃的最后阶段是在1453年君士坦丁堡的第二次也是最后那次陷落的前夕，此时留给希腊人的唯一行动自由就是在两个可憎的外来束缚中选择。面对这种痛苦的选择，中世纪的希腊正教徒激烈地拒绝从他们中分裂出去的西方基督徒同伴，而是睁眼选择了不那么邪恶的穆斯林土耳其人的外来束缚。他们“宁可在君士坦丁堡看穆罕默德的头巾，也不要看教皇的三重冕或红衣主教的帽子”。

导致了这种重大选择的情感，在文学作品中得到了记载。
如同今天，中世纪时罗马的两个竞争继承者彼此反感。伦巴 177
第主教利乌特普兰德执行撒克逊皇帝奥托一世和奥托二世的外

交使命，于968年前往君士坦丁堡的拜占庭宫廷。读读他就此写给他们的报告，如果你被报告中的语气和火气所吸引，一时忘记了日子，你或许会以为它的作者是一位1917年后某年去了莫斯科的美国访客。读读拜占庭公主“帝国的安娜·康妮娜”就自己父亲阿历克塞(Alexius)皇帝统治时期撰写的历史——其父遭遇了第一次十字军东征，你可能会以为这位女作者是一位有教养的20世纪的法国女性，她在描绘一波美国中西部游客在巴黎的粗鲁，至少你在发现她对弩的描写之前会这样想，因为弩这种致命的新武器的制作技术竟是由西方人(尽管他们总是错的)令人费解地发明的。如果它是由拜占庭人发明的，那么他们的命运就总是对的了！安娜·康妮娜这部历史的下面这一段，仿佛是1947年一位俄罗斯人抱怨美国对原子弹的垄断。

为什么拜占庭的君士坦丁堡会遭遇不幸？为什么另一方面拜占庭的莫斯科却生存下来？这两个历史之谜的关键，就是拜占庭的极权主义国家制度。

罗马或中国这样的帝国给予那些曾被战争蹂躏的世界几个世纪的和平，如此强有力地赢得了它们臣民的感情和想象，以至于他们无法想象如果没有它们如何生活，而最终无法相信这些想象中不可缺少的制度有一天会真的停止存在。当罗马帝国死亡后，无论是同时代人还是子孙后代都不承认它的终止，
178 而且由于他们拒绝面对事实，所以他们就会抓住第一个机会让事实与自己的幻想相一致，想象罗马帝国又回来了。在基督纪元的8世纪，有过一些坚决的努力，想在东方和西方复活罗马帝国。在西方，查理曼大帝的努力是一次幸运的失败；但两代人之前君士坦丁堡的利奥三世的努力却是一次致命的

成功。

在拜占庭文明的故乡成功地建立一个中世纪的东罗马帝国，其至关重要的后果就是东正教教会又变成了国家的臣属。

在古罗马世界，宗教一直是世俗公共生活的一个重要部分。 基督教的涌现没有得到罗马帝国的许可，为了捍卫自己的自由，它付出了被禁止受迫害的代价。 当罗马帝国政府对教会让步后，它似乎期待基督教会将滑落为一种依赖和从属的地位，此前一种官方的异教信仰与罗马国家之间的关系就是这样。 在罗马帝国的希腊心脏，在君士坦丁皈依之后的将近三个世纪后，罗马帝国一直还在继续经营，这种期待多少也算实现了——当圣约翰 · 克里索斯托与杜多西娜皇后发生争执时，教皇维吉利招致了查士丁尼皇帝不快时，出现的就是这种教会对国家的服从。 不过，对于教会而言，幸运的是，由于帝国的崩溃，它终于脱离了这个官方笼子而获得自由。 即使是在君士坦丁堡，全基督教牧首塞尔吉乌斯在 7 世纪的极度危机中也是平等地与赫拉克利乌斯皇帝打交道。 在西方，罗马帝国
200 年前就已经崩溃，再也没有成功恢复，教会不仅恢复了它 179
的自由，而且保住了这个自由。 在我们西方世界的绝大部分地方，教会一直独立于国家，有时甚至发挥了超过国家的优势。 新教国家中的自由教会、中世纪时在一个尚未分裂的基督教世界中的天主教会，它们都属于我们西方传统的主线；而新教国家中的现代国教教会总体而言，则是西方历史上的一种异常之物。 而且，在一个教会重新成为世俗权力之臣属的西方国家，教会与国家之间的这种非西方关系也会被西方基督教世界总体上强调教会独立的普遍氛围所淡化。 另一方面，在拜占庭世界中，8 世纪时罗马帝国的成功重建就剥夺了东正教

会也曾短暂重获的这种自由。教会并非束手就擒重新进入笼子，一场斗争持续了将近200年，但最终是以教会事实上变成了中世纪东罗马国家的一个部门而结束，这个国家将教会降低到这个位置，所以也就使自己成为“极权国家”——如果我们后来的“极权国家”一词是指一个国家对自己国民生活的每个方面都实行控制的话。

君士坦丁堡罗马帝国成功复活了召唤出来的中世纪拜占庭“极权国家”，对拜占庭文明的发展产生了灾难性后果。它是
180 一个梦魇，遮蔽、压碎和矮化了那个将它召唤出来的社会。被拜占庭国家掐灭萌芽的拜占庭文明的丰富潜力，以一些独创性的闪光显现于东罗马帝国有效权力范围之外的地方，或者是出现于帝国死亡之后的那些世纪中，比如10世纪时的西西里僧侣圣尼罗斯的精神天才，他在卡拉布利亚借助于来自西西里岛的希腊基督徒难民创造出了一个新的“大希腊”；以及16世纪的克里特岛画家狄奥托科普洛的艺术天才，西方将他作为“格列柯”而景仰崇拜。拜占庭社会的“特殊制度”不仅使这些杰出的创造能力枯萎，而且，还使得拜占庭世界不去挑起一场拜占庭文化的希腊传道者与他们主要的非希腊改宗者之间的生死战争的话，就无法扩展，这就将中世纪拜占庭文明本身带向了我们前面已经提到的过早衰败。

当一个蛮族的国君拥抱了东正教时，君士坦丁堡的全基督教牧首对东罗马皇帝的隶属就创造了一种不能解决的困境。如果皈依者成为了全基督教牧首的教会臣民，那就是暗示他得承认东罗马皇帝的政治主权，这将是皈依者无法容忍的后果；另一方面，如果他以建立一个自己的驯良牧首来维护他的政治独立性，那就是暗示他宣布要做与东罗马皇帝一样的人，而这

是皇帝无法容忍的后果。这个困境没有让俄罗斯的皈依国君
弗拉基米尔及其后继者们担忧，俄罗斯与君士坦丁堡的遥远距
离使得东罗马皇帝在理论上的政治君主权威鞭长莫及。不 181
过，这确实让保加利亚的国君们担忧，他们的疆域就在东罗马帝国的欧洲门口。保加利亚开始时与罗马有过一些接触，但最终选择了拜占庭。然而，在同一个拜占庭世界中，没有空间来既容纳一个希腊正教的东罗马帝国又容纳一个斯拉夫正教的保加利亚。结果就是一场希腊—保加利亚的百年战争，它以1019年东罗马帝国对保加利亚的毁灭而结束，但它也在胜利者身上造成了如此致命的创伤，胜利者最后被11世纪结束之前的法兰克人和土耳其人的进攻所打垮。当时的拜占庭世界中，唯有俄罗斯靠着它的遥远位置而免于在这场灾难中被吞没。所以，这个最后皈依拜占庭基督教的国家留存下来，成为了上帝给亚伯拉罕的允诺的继承者。如同拜占庭人相信的那样，这个天命并不是我们西方人的长子继承权，而是他们的。

然而，俄罗斯的生存整体而言并不轻松。尽管它在中世纪早期的幸存靠的是一种幸运的地理上的偶然，但如同我们已经看到的，从那以后它就不得不通过自己的努力来拯救自己了。如同大约200年前拜占庭文明的希腊故乡曾被土耳其人和十字军进攻一样，13世纪的它也在两条战线上遭受鞑靼人和立陶宛人的进攻。尽管它最终是一劳永逸地在东边打败了自己的对手，但它仍然不得不与技术上一直领先的西方世界进行艰巨的比赛。

在这个漫长而又严酷的保卫自己独立的斗争中，俄罗斯人
在中世纪拜占庭世界灭亡之原因的政治制度中寻找救助。他 182

们感觉自己生存的一个希望就在于政治权力的无情集中，为自己做出了一个拜占庭极权国家的俄罗斯版本。

莫斯科大公国就是这种政治试验的场所，莫斯科的服务和回报就是，在它的统治之下把一群弱小的封邑合并成为一个单一的强大力量。这座俄罗斯政治大厦曾有两次外在装修，第一次是彼得大帝，第二次是列宁，但这个建构的本质并没有改变。今天的苏联如同14世纪的莫斯科大公国，都是中世纪东罗马帝国鲜明特征的复制品。

在这样一个拜占庭极权国家中，教会可以是基督教或马克思主义教，只要它愿意去充当世俗政府的工具就行。托洛茨基想让苏联成为推进共产主义世界革命事业的工具，斯大林想让共产主义成为推进苏联利益的工具，这两个人之间的问题其实是一个老问题。金口圣约翰与优多克修皇后之间①，圣西奥多与皇帝君士坦丁六世之间②，都曾发生过同样的争执。在现代就如同在中世纪，拜占庭世界中的胜利落到了世俗权力的冠军手中。这与西方的历史进程形成了鲜明对比，在西方是教会的力量在教皇格里高利七世与亨利四世③、教皇英诺森四世与腓特烈二世④的角力中取胜。

对于俄罗斯东正教世界来说，到现在为止，拜占庭的极权主义国家制度没有给它带来致命的后果，而当年在拜占庭文明

---

① 公元4世纪末到5世纪初，有金口之名的圣约翰与东罗马帝国皇后优多克修发生多次冲突，最后以圣人死于流放途中告终。——编者注

② 公元8世纪末，圣西奥多因反对东罗马帝国皇帝君士坦丁六世抛弃妻子，迎娶情妇，被流放。——编者注

③ 1077年1月，神圣罗马帝国皇帝亨利四世冒着风雪严寒前往意大利北部卡诺莎城堡向教皇格里高利七世“忏悔罪过”，三天三夜后，教皇才给予其原谅，史称“卡诺莎之辱”。——编者注

④ 公元13世纪，罗马教廷与神圣罗马帝国的矛盾已根深蒂固。英诺森四世上任之后，与皇帝腓特列二世的冲突逐渐难以调和，后者虽扬言要发兵罗马，废黜教宗，但直至去世一直未能找到反对英诺森四世的可靠同盟。——编者注

的故乡，它引发了中世纪希腊与保加利亚之间的一场生死之战。不过，我们尚不知道俄罗斯的拜占庭遗产中的这种政治 183
传家宝会给俄罗斯的命运带来什么影响，或是在西方世界中找到自己的位置，或是继续远离它并去建造一个反西方的对立世界，它如今要在这两者之间做一个重大选择。我们可以猜测，俄罗斯的最终决定会深受正统感和天命感的影响，这些也是它从其拜占庭历史中继承下来的。如同在十字架之下一样，在锤子和镰刀之下，俄罗斯仍然是“神圣俄罗斯”，莫斯科仍然是“第三罗马”，“它还是倔强地要回来的”。

184 伊斯兰教、西方与未来

历史上，伊斯兰教与我们西方社会曾有过连续多次的作用与反作用，它们有着不同的情况，双方的角色也曾互换。

它们之间的第一次相遇发生于西方社会的幼年，而伊斯兰教已是处在英雄时代的阿拉伯人的一种杰出宗教。阿拉伯人刚刚征服和重聚了中东那些古代文明的疆域，他们正试图将这个帝国扩大为一个世界国家。在这第一次相遇中，穆斯林几乎蔓延了西方社会原来疆域的一半，差一点就让他们自己成为整个西方社会的主人。实际上，他们拿下和占有了非洲西北部、伊比利亚半岛和高卢人的“哥特”(比利牛斯山与罗讷河口之间的朗格多克海岸一带)。一个半世纪后，当我们初生的西方文明遭遇到卡洛林帝国崩溃后的倒退，穆斯林再次从非洲的行动基地前来进攻，这一次也差一点成了意大利的主人。
185 从那以后，西方文明克服了过早夭折的危险，进入到茁壮成长期，而似乎要形成的伊斯兰世界国家却走向了它的衰落，局势转过来了。西方人开始进攻，战线从地中海的这一端延伸至那一端，从伊比利亚半岛穿过西西里直至叙利亚的“海外省”；伊斯兰教受到了一方面是十字军，另一方面是中亚游牧民族的同时进攻，被逼入绝境，如同基督教世界几个世纪之前被迫面对北欧海盗和阿拉伯人两条战线同时进攻而陷入绝境一样。

在这场生死之战中，如同此前的基督教世界，伊斯兰教也成功地生存了下来。中亚入侵者皈依过来，法兰克人入侵者则被赶走。就土地而言，十字军东征唯一持久的收获就是西西里和安达卢西亚这两个伊斯兰疆域的边远部分被并入西方世界。当然，十字军对伊斯兰教暂时政治上的占领，其持久的经济和文化影响要重要得多。在经济和文化上，被征服的伊斯兰教反而俘获了它那野蛮的征服者，将自身文明的艺术引入到拉丁基督教世界的粗糙生活之中。在一些实际领域如建筑，这种伊斯兰教影响在西方所称的“中世纪”时代弥漫到整个西方世界。在西西里和安达卢西亚这两块已被永久征服的土地上，阿拉伯帝国如今有了西方的“继任国家”，伊斯兰教对它们的影响自然就更为宽广深远。然而，这并非戏剧的最后一幕。中世纪的西方想要根除伊斯兰教是明显地失败了，就如同此前阿拉伯帝国的创建者们想要夺走一个初生的西方文
明的摇篮也明显失败了一样。于是，再一次地，这次未能成 186
功的进攻激发了对方的反击。这一次，代表伊斯兰教的是皈依了伊斯兰教的中亚游牧民族的土耳其人后代，他们征服和重聚了基督教正教世界的疆域，然后想将这个帝国延伸成为一个阿拉伯和罗马模式的世界国家。在十字军东征最后一次失败之后，西方基督教世界在西方历史的中世纪后期和近代早期抵御着这个奥斯曼帝国的进攻，这不仅仅是在地中海原来那条海

洋战线上，而且也是在多瑙河流域这个新的陆地战线上。然而，这种防守策略与其说是一种承认的虚弱，倒不如说是基本层面上一种半无意识的战略的精巧显示，因为西方人想方设法只使用不多精力就让奥斯曼的进攻停止了。伊斯兰教的一半精力已经在这种地方性的边界战争中耗尽，西方人就使出他们的力量来让自己成为海洋的主人，从而也就是世界的潜在主人。所以，他们不仅抢先于穆斯林发现和占据了美洲，而且进入到穆斯林在印度尼西亚、印度和热带非洲的未来继承之地，在包围了伊斯兰世界，将自己的网撒在它上面之后，最后又继续到这个老对手的老巢去攻击它。

近代西方对伊斯兰世界的这种同心圆进攻，开创了这两个文明现在的相遇。我们可以将此视为一个更大更野心勃勃之运动的一部分。在这个运动中，西方的目标就是将整个人类
187 融入一个单一的庞大社会，控制地球上的一切事物、空气和海洋，因为人们靠着现代西方技术手段能够利用这一切。西方现在对伊斯兰教所做之事，也同时对其他留存下来的文明——正教、印度教和远东世界——做着，对那些留存下来的原始社会做着，这些原始社会即使是在它们热带非洲的最后要塞现在也陷入了绝境。所以，伊斯兰教与西方的当代相遇，不仅比它们以往接触的任何阶段都要更为活跃和紧密，而且更成为西方人要“西方化”这个世界的一个典型事件。即使是在经历了两次世界大战的那一代人的历史中，这个西方化的势头也可能会是最重大而且几乎肯定是最让人感兴趣的特征。

所以，伊斯兰教就再一次走投无路地面对西方。而且，较之即使是十字军东征那个最为关键的时候，这次情况也对它更为不利，因为现代西方不仅在武器上优越于它，并且在经济

民生技术上也超过它，而军事科学最终是依赖于此的，更重要的是西方在精神文化上也占优势——可以创造并维持被称作文明的外向显示的向心力。

任何时候，当一个文明发现自己处在与另一个文明相对峙的这种危险状态中，有两种方法可供它选择以应对这种挑战。在今天伊斯兰教对西方压力的回应中，这两种方法的明显例证我们都可以看到。古代的希腊文明与叙利亚文明相遇时曾出现过相似的局面，由此形成了一些相关的表述，我们拿来用于今天的局势，既有依据也很方便。在基督纪元开始前后的那 188
些世纪中，由于希腊文化的影响，犹太人(我们或许还可以加上伊朗人和埃及人)分裂成了两个派别：一派是“狂热派”，另一派是“希律派”。

“狂热派”是那种避开不熟悉事物而进入熟悉事物的人，当他与一个战术高超、使用可怕的新式武器的陌生人作战，发现自己处于劣势时，他的反应就是极其规矩地使用自己的传统战术。事实上，“狂热主义”可以描述为因外来压力而唤起的拟古主义，它在当代伊斯兰世界中最为突出的代表就是北非的塞努西派和阿拉伯中部的瓦哈比派这样的“清教徒”。

关于伊斯兰教的“狂热派”，要注意的第一点就是，他们的大本营是在土地贫瘠而又人口稀少的地区，远离现代世界那些主要的国际通道，西方势力一直对这些地方不感兴趣，直至晚近石油时代的到来。到现在为止，证明着这条规则的例外是从 1883 年至 1898 年统治着东苏丹的马赫迪派运动。当西方势力把“开发非洲”抓到手后，苏丹的马赫迪派领袖穆罕默德·艾哈迈德横跨上尼罗河水道建立了他自己的控制。在这样一个尴尬的地理位置，苏丹马赫迪派的哈里发与一股西方力量相撞，马赫迪派使用古代武器来对付现代武器，结果彻底被打败。我们可以把马赫迪派这件事与马加比家族[①]在希腊文化压力暂缓期间的短暂胜利做一比较——在罗马人推翻了塞琉古帝国却还没有取而代之的这个时期，犹太人享受了这种缓
189 解。我们或许可以推论，如同罗马人在基督纪元的第一个和第二个世纪推翻了犹太人的“狂热派”一样，如果瓦哈比派的“狂热派”成为一个够大的麻烦，值得下功夫去镇压了，那今天西方世界的一些大国——比如说美国——现在就可以在它选择的任何时候来推翻它。比如，设想沙特阿拉伯政府由于它那些狂热追随者的压力，在石油开采特许权上向西方提出过分的要求，或者是要完全禁止西方对其石油资源的开采。晚近对它干燥沙漠底下隐藏财富的发现，绝对是对阿拉伯独立的一种威胁，因为西方现在已经掌握了如何使用自己的技术发明来征服这片沙漠——铁路和装甲车辆、能够如同蜈蚣一样在沙丘上爬行的拖拉机、可以像秃鹫一样在沙丘上空滑行的飞机。的确，在摩洛哥的里夫和阿特拉斯，在两次大战之间的印度西北边界，西方都展示了它征服此类伊斯兰教“狂热派”的能力，而进入沙漠比对付他们要轻松得多。在这些山区要塞，法国人和英国人与高地人相遇并击败他们——尽管这些高地人获得了部分现代西方轻型武器，并学会了怎样在自己的地面上发挥自身优势来使用它们。

当然，装备了不冒烟的急射步枪的“狂热派”就已不再是纯正的“狂热派”，因为只要他们采用了西方武器，他们也就踏上了一片不神圣不虔诚的土地。无疑，如果他们想想这一

① 马加比派(Maccabees)，公元前 2—前 1 世纪巴勒斯坦地区耶路撒冷附近的犹太教世袭祭司长家族，曾为保卫和恢复犹太人的政治和宗教作出贡献。——编者注

点会怎么样——他们大概很少去想，因为“狂热派”的行为本质上是非理性和本能的。他们会在心里说他们走多远然后就
不再深入，对西方军事技术的采用只要能够把入侵的西方力量 190
挡在外面就足够了，他们将把因此而得到保卫的自由用于在所有其他方面“保持伊斯兰教律法”，并因此而继续赢得神对他们自己和子孙后代的赐福。

这种心理状态可以由一场对话看出来，这场对话发生于19世纪，一方是萨那的扎伊迪·伊玛目·叶海亚，另一方是一位英国使节，他前来说服这位伊玛目和平地归还英国亚丁保护国的一部分，这位伊玛目在1914年至1918年的大战中占据了它，从那以后就拒绝撤出，尽管他的奥斯曼君王已经被击败。这次使命达不到目的已是很明显了，在与这位伊玛目最后一次见面时，这位英国使节希望能让谈话有一个转变，开始恭维伊玛目的新式军队的雄壮军威。看到伊玛目欣然接受，他继续说：

“我想你还会采纳其他的西方军事制度？”

“我想我不会的。”伊玛目微笑着说。

“噢，真的吗？这很有意思。我能不能斗胆问问原因？”

“好吧，我不觉得自己会喜欢其他的西方制度。”伊玛目说。

“真的？比如说哪些制度呢？”

“嗯，比如说议会。”伊玛目说，“我喜欢我自己就是政府。我会觉得议会很烦人。”

“是吗？说到这个，”英国人说，“我可以向你保证，负责任的代议制政府并不是西方文明组织运作的一个不可缺少的部
分。看看意大利，它就放弃了这个，可它是西方大国之一。” 191

“好吧，还有酒精，”伊玛目说，“我不想看到它被弄到我

的国家来，目前很幸运我们这里还几乎无人知道它。”

“合情合理。”英国人说，“但是，如果说到这个，我可以向你保证，酒精也决非西方文明不可缺少的附属物。看看美国，它就不要这个，它也是西方大国之一。”

“好吧，不管怎样，”伊玛目说，脸上露出一种暗示谈话可以结束的微笑，“我不喜欢议会和酒精，以及这类事物。”

英国人弄不明白，说出最后这一句时的结束微笑中是否有某种幽默的暗示，但不管是什么，最后这一句触及了核心，询问萨那是否可能有更多的西式创新，它的切题超过了伊玛目愿意去承认的。事实上，最后这一句表明这位伊玛目是在遥望中，他将西方文明视为一种整体的、不能分割的、遥远的东西，并且认识到了它的一些特征——这些特征在西方人眼中显得彼此毫不相干，但伊玛目则认为它们是一个不可分割之整体的有机联系的部分。所以，在他默许采用西方军事技术的基本原理的过程中，就已为他人民的生活引入了一个楔子的尖端，这东西到时候会无情地使他们严密坚实的传统伊斯兰教文
192 明裂开，化为碎片。他已经开始了一场文化革命，它将使得这些亚曼尼特人(Yamanites)最终没有别的选择，唯有用完全现成的一套西方衣服来遮盖他们的裸体。如果这位伊玛目遇到了他的印度同时代人甘地先生，甘地就会这样告诉他。这样的预言也会被以下的事实所证实：有一些伊斯兰民族在几代人之前就将自身暴露于“西方化”的隐伏过程。

同样，这也可以在一份关于1839年埃及状况的报告中看到，这份报告是由约翰·鲍林博士为英国外相巴麦尊[①]准备

① 巴麦尊(Lord Palmerston, 1784—1865)，英国首相，帝国主义者。——编者注

的，时间是西方外交中的“东方问题”持续出现危机的前夕，也是一位奥斯曼政治家穆罕默德·阿里(Mehmed Ali)的职业生涯即将结束之际，他统治埃及并对埃及民众的生活全面实施“西方化”已经三十五年了。在这份报告中，鲍林博士记录了自己看到的一个惊人事实——当时埃及仅有的一所供穆斯林女性使用的妇产科医院，竟然是在穆罕默德·阿里位于亚历山大港的海军造船厂里面。他也解开了其中的原因。穆罕默德·阿里想在国际事务中扮演一个独立角色，要达到这个目标的第一个必备条件就是拥有一支有效的陆军和海军。所谓有效的海军，就是要以当时的西方模式来建设。西方海军建设的军事技术只能由从西方国家引进的专家来实施和传授，但这类专家却不愿意为埃及阿里服务，哪怕经济报酬很丰厚也不来，除非是能够保证向他们的家庭和下属提供充足的生活福利，达到他们在自己的西方家中所习惯拥有的水准。按照他们的理解，生活福利的一个基本条件就是由受过训练的西方医护人员提供医疗服务。所以，没有医院就免谈造船厂。从一 193
开始起，有着西方医护人员的一所医院就与这家造船厂联系在一起了。然而，造船厂里的西方人员数量很少，医院的医护人员整天无所事事，闲极无聊；而埃及本地人众多，妇女生孩子又是最为繁忙的医疗业务。于是，一所收治埃及女性的妇产科医院就在一家由西方专家管理的海军造船厂内诞生了。

这就让我们思考，面对外来文明压力的挑战，能够选择的回应是什么？如果说，萨那的扎伊迪·伊玛目·叶海亚代表着现代伊斯兰教中的“狂热派”(至少代表着坚信需要保持警惕的“狂热派”)；那么，穆罕默德·阿里就是“希律派”的一位代表，他的天赋使他能够与此派名称之由来的希律齐名。

穆罕默德·阿里事实上并非伊斯兰教中出现的第一位“希律派”，然而，他却是第一位能够以“希律派”精神行事而不受惩罚者。在他之前，曾有一位穆斯林政治家这样做过，这位不幸的奥斯曼苏丹塞利姆三世因此而死去。穆罕默德·阿里也是以“希律派”精神行事而稳固取得实质性成功的第一人。这与他的同时代的另一位宗主国君主——君士坦丁堡的苏丹马哈茂德二世——的被征服生涯形成了鲜明对比。

抵御未知事物之危险的最有效办法就是去掌握它的秘密，“希律派”就是依据这样一种原则来行事的人。当他发现自己
194 面对一个武艺更高、武器更好的对手而处于窘况时，他的反应是放弃自己传统的兵法，去学习用对手的战术和武器来与对手作战。如果说“狂热派”是因外来压力而激起的一种拟古主义，那么“希律派”就是因相同的外部力量而激起的一种世界主义。所以，现代伊斯兰教“狂热派”的大本营位于内志以及撒哈拉沙漠的荒凉草原和绿洲，而现代伊斯兰教“希律派”——它在同一个时代因同样那些力量而激发出来，但在时间上要早一个半世纪，是从塞利姆三世和穆罕默德·阿里的时代起——的中心却是在君士坦丁堡和开罗，这并不是偶然的。从地理上说，在现代伊斯兰教的范围内，君士坦丁堡和开罗代表了一极，与之相对的另一极是瓦哈比派在内志草原上的利雅得都城和塞努西派在库法拉的大本营。作为伊斯兰教“狂热派”要塞的绿洲难以接近，成为了伊斯兰教“希律派”温床的君士坦丁堡和开罗这两座城市，则位于或靠近黑海海峡和苏伊士地峡这样的天然国际通道。由于这个原因以及以这两个城市为首都的这两个国家的战略重要性和经济财富，从现代西方开始把它的网围住伊斯兰教的大本营起，开罗和君士坦丁堡就

对各种西方力量形成了最强的吸引力。

当一个社会因优势的异质力量的影响而被置于防守位置时，上述两种可供选择的回应会被激发出来。不言而喻，二者之中“希律派”的回应要有效得多。“狂热派”想回到以往寻找防护，这如同一只鸵鸟把头埋在沙中来躲避追它的人；“希律派”则勇敢面对当下去探索未来。“狂热派”以本能来 195
行动，“希律派”则靠理性。事实上，“希律派”必须把智力和意志结合在一起才能克服自己身上的“狂热派”冲动。因为面对这种对“狂热派”和“希律派”的共同挑战，“狂热派”的冲动是人之本性正常的第一自发反应。能够转到“希律派”，就其本身而言，是一种性格的标志(尽管并不必然就是一种和蔼可亲的性格)，其中有一点值得注意：在现代西方挑战过的所有非西方民族中，日本人也许是到目前为止世界上最为成功的“希律派”典型，而此前从1630年代到1860年代，他们一直是“狂热派”的最佳典型。作为一个具有鲜明性格的民族，日本人曾把“狂热派”的那种回应做到了最好；也是基于这样的性格，当严酷的事实最终让他们相信坚持这样一种回应将会把他们带入灾难时，他们就有意识地改变，转到“希律派”的航向上来鼓满他们船只的风帆前行。

然而，对于整个当代世界面临的这个无情的“西方问题”，尽管“希律派”的回应比“狂热派”要不可比拟地有效得多，但它也没有真正提供一种解决方案。这是因为它是一种危险的游戏；或者改变我们的比喻，它是在渡过一条急流时交换马匹，如果骑者未能在新的马鞍上找到自己的座位，就会被急流冲下而淹死——等候“狂热派”的就是这个结局，他们使用矛和盾却谴责机关枪。渡过这条激流是十分危险的，许多人在路上遭到了毁灭。比如，在埃及和土耳其——这是伊斯兰教“希律派”开拓者进行试验的两个国家，对于那些“知名前辈”遗赠下来的这个异乎寻常困难的任务，“后辈英雄”
196 被证明很难胜任。结果就是这两个国家的“希律派”运动都陷入了困境，这距离它的开启之时——也就是 19 世纪最后 25 年靠前的那些岁月——还不到 100 年，而这种挫折带来的不同形式的萎缩、迟滞效应，在这两个国家的生活中仍然是痛苦可见。

如果我们把注意力转向今天的土耳其，或许可以分辨出“希律派道路”的两个更为严重的内在弱点。它的领导人在用一种英雄般的精心杰作克服了哈米迪人的倒退后，将“希律派道路”带向了一场革命的逻辑结论，这场革命的坚决彻底甚至使得日本在 7 世纪和 19 世纪的那两场典型革命相形见绌。在土耳其，这场革命不是将自己界定于某个层面——比如我们西方依次的经济、政治、审美和宗教革命，而是在所有这些层面同时发生，所以就从社会经验与活动的高度、深度上震撼了土耳其民众的整个生活。

土耳其人不仅改变了他们的宪法(这是相对简单之事，至少就宪法的形式而言如此)，而且这个不成熟的土耳其共和国废弃了伊斯兰教信仰的防护，废除了它的“哈里发”职位，没收了伊斯兰教教会的财产，解散了寺院；去掉了女性脸上的面纱——也就是否定了面纱所意味的一切；强迫男性戴有边的帽子，这不但使他们与不信仰伊斯兰教者难以区分，而且也使他们不能去做完整的伊斯兰教传统的祈祷，因为那需要祈祷者用前额触碰清真寺的地面；逐字翻译瑞士的民事法典，改编意大
197 利的刑事法典，并将它们引入土耳其，用国民议会的投票让这

二者生效，从而彻底清除了伊斯兰教律法；将阿拉伯字母换成了拉丁字母——如果不丢弃老的奥斯曼文化遗产的主体，这个改变是不可能进行的。所有改变中最值得注意也最鲁莽的是：发生在土耳其的这种“希律派”革命把一种新的社会理想摆在了他们民众的面前——激励他们不再像从前那样把心思放在做农夫、战士和统治者上，而是去搞商业和工业，并且证明说，只要他们去尝试，在那些他们原来传统鄙夷而不屑去竞争的领域，他们就可以从容自若地与西方人对抗，可以与西方化的希腊人、亚美尼亚人或犹太人对抗。

土耳其的“希律派”革命以这样一种精神来进行，有如此严峻的不利因素，要面对如此沉重的失败概率，任何大度的观察家都会体谅它的过失甚至是它的罪过，希望它在它这个可怕的任务中成功。“这般辛苦千万不要落空”——对于一位西方观察家来说，如果挑剔或嘲笑就特别不厚道。因为不管怎样，这些土耳其“希律派”是要努力改变他们的民众和他们的国家——从伊斯兰教与西方第一次相遇以来，我们就总是谴责他们由于天性而不能做出这种改变；他们一直在努力，然后在土耳其制作了一个西方民族和西方国家的复制品。然而，只要我们清醒地认识这个目标，我们就禁不住去想，为了努力达到这个目标而付出的劳作和辛苦，是否真的值得？

无疑，我们并不喜欢那些粗暴的老式土耳其“狂热派”， 198
他们以一种法利赛人每天感谢上帝幸亏他不是其他人那样的姿态来嘲笑我们。只要他们骄傲于自己是“特殊的人”，我们就让他们的特殊性可憎而使我们自己瞧不起他们的骄傲，所以我们称他们为“无法交流的土耳其人”，直至我们穿透他们的心理铠甲，激励他们进入“希律派”的革命，他们现在在我们眼皮底下把它完成了。然而如今，在我们责难的刺激之下，他们已经改变了调子，寻找一切手段让自己与周围的民族无从区分，但我们就很窘迫了，甚至倾向于发怒——如同以色列人承认他们想要一位国王的动机粗俗时，撒母耳所表现出来的一样。

在这种情况下，我们对土耳其人新的抱怨，至少是不厚道的。他们受到我们这种责难可能会反唇相讥：不管他们做什么，在我们眼中都不对。他们可能引用我们的圣经来反驳我们："我们向你们吹笛，你们却不跳舞；我们对你们哀悼，你们却不哭泣。"然而，事情的进度并非如此，因为我们的批评既不厚道，而且也仅仅是一种吹毛求疵或言不及义。无论如何，如果这种劳作被证明并非虚空，如果这些彻底的土耳其"希律派"的目标在最大的可能程度上得到了实现，文明的遗产会得到什么增添呢?

也就是在这一点上，"希律派"的两个内在弱点就展示出来了。它们中的第一个就是"希律派道路"依推测而言，是模仿性的，而非原创性的。所以，即使它成功了，也只是简单地扩大了所模仿社会的千篇一律产物的数量而已，而不是释
199 放出人类精神中新的创造能量。第二个弱点是"希律派道路"这种并非出自原创的成功最多也只能给任何走上这条道路的社群中的一小部分带来拯救——甚至仅仅是在这个世界上的拯救。大多数人不会期待成为这个模仿文明的统治阶级的被动成员，他们的命运就是扩充这个模仿文明的无产阶级的队伍。墨索里尼曾经尖刻地评论说，如同有无产阶级的阶级和无产阶级的个人一样，也有无产阶级的民族。显然，当代世界那些非西方的民族是可能进入他这个范畴的，即使它们以

“希律派道路”的杰作成功地将自己的国家向外转变为西方模式的主权独立的民族国家，并与它们的西方姊妹交往，成为一个包括一切的国际社会中自由平等的成员，也仍然如此。

所以，在考虑这篇文章的主题时——即伊斯兰教与西方现在的相遇可能产生的对人类未来的影响，我们可能忽略伊斯兰教“狂热派”和“希律派”到现在为止在它们各自反应上所获得成功的程度，这种程度也是它们本身所允许的程度，因为它们最大可能的成功无非是物质生存的消极实现。那些为数很少，避免了灭绝的“狂热派”变成了一种文明的化石，这文明存活的力量已经熄灭；为数很多的“希律派”避免了下沉，成为了它吸收的一种活着的文明的仿本。它们之中无一处于这样一个位置：即可以为这个活着的文明的进一步成长作出创造性的贡献。

我们可能偶然地注意到，在伊斯兰教与西方的现代相遇
中，“希律派”的回应与“狂热派”的回应有几次实际上彼此 200
相撞，在某种程度上相互抵消。穆罕默德·阿里第一次使用他的新型“西式”军队，就是攻打瓦哈比派，平定他们狂热的第一次爆发。两代人之后，东苏丹的埃及人政权遭到了马赫迪派的起义反抗，最早的“希律派”努力——要让埃及成为“现代世界的紧张环境中”政治上能够独立的国家——因此受到致命一击，这些促成了英国军队 1882 年的占领，以及所有随之而来的政治后果。

同样，在我们的时代，阿富汗末代国王做出决定，要与“狂热派”的传统决裂——这个传统从 1838 年至 1842 年的英—阿战争以来就一直是阿富汗政策的主旨，这很可能就决定了靠近印度西北边界一带的“狂热派”部落的命运。尽管阿

马纳拉国王的急躁很快就让他失去了自己的王位，并激起了他原来臣民中的“狂热派”反应，但仍然可以很保险地预言，他的继任者们还会沿着这同一条“希律派”道路前行——更为缓慢也更有把握地前行。“希律派”道路在阿富汗的拓展给那些部落带来了厄运。只要这些部落身后存在一个针对西方压力而制定政策并与它们凭本能做出的回应相一致的阿富汗，它们就能够继续无忧地走那条“狂热派”的道路。现在，它们被两股力量夹在中间了，一方如以前一样还是印度，另一方是已经走了“希律派”道路的阿富汗。这些部落看来迟早要在归
201 顺或灭亡这二者之中做一个选择。顺便还可以注意一点：当“希律派”与自己家庭中的“狂热派”发生冲突时，通常会比西方人更残忍无情地去处置。西方人是用皮鞭惩罚伊斯兰教“狂热派”，而伊斯兰教“希律派”则是用毒蝎来惩罚他们。阿马纳拉国王 1924 年镇压帕坦人的叛乱，穆斯塔法 · 凯末尔 · 阿塔图尔克总统 1925 年镇压库尔德人反叛，其可怕程度都与一种较为人性的方式形成了惊人的对比——也就是这一时期，英国人将一些反抗的库尔德人强行并入当时为英国托管的伊拉克疆域，将一些帕坦人强行并入当时是英属印度的西北边境省份所使用的方式。

我们的探究会导致我们得出一个什么结论呢？我们能否得出结论说，有鉴于成功的伊斯兰教“希律派”和成功的伊斯兰教“狂热派”都可以被忽略，所以现在的伊斯兰教与西方的相遇对人类的未来不会有任何影响？决不能这样。因为如果排除了对成功的“希律派”和成功的“狂热派”的考虑，我们面对的就只有伊斯兰教社会成员中的很小一部分了。它的大部分人的命运——我们上文已经提及，既不是灭绝，也不是石

化，也不是被同化，而是被淹没，沉入到巨大的、世界性的、无所不在的无产阶级之中，这就是世界“西方化”最为不祥的副产品之一。

初看起来，穆斯林的主体在一个“西方化”世界中的这样
一幅未来景象，似乎就结束了我们对该问题的回答，而且其意
义与以前是一样的。如果我们确信“希律派”穆斯林和“狂
热派”穆斯林在文化上难以延续，我们就不能确信“无产阶 202
级”穆斯林更不必说也具有这同样的致命缺陷吗？的确，初
想时很少有人会不同意这个结论。我们能够想象主要的“希
律派”如穆斯塔法·凯末尔·阿塔图尔克总统和主要的“狂热
派”如“高贵的塞努西”同意与文明的西方殖民地管理者如克
罗默爵士或利奥泰将军一致惊呼“岂能期待从埃及的农夫或君
士坦丁堡的搬运工处得到对文明的任何创造性贡献？”同样，
在基督纪元的早期岁月，当叙利亚感觉到希腊的压力，希律安
提帕和迦玛列以及其他狂热的丢大人和在迦玛列记忆中已经被
剑所灭的犹太人，也几乎可以肯定会与一位希腊诗人——尤其
是东部的，比如加大拉的梅利埃格或一位罗马行省的总督如加
里奥以同样的讥讽口气一起惊呼：“能有什么好东西出自拿撒
勒？”现在，当把问题放在一种历史形式之中，我们对这个答
案就不会有怀疑了，因为希腊文明和叙利亚文明都走过了它们
的路程，它们之间关系的故事我们也是从头到尾都知道。现
在这个答案是如此熟悉，它要求我们要做一定的想象努力才能
认识到，对于这个问题最早被提出时的那些聪明希腊人、罗马
人、以土买人和犹太人来说，历史的这个结论非常惊人甚至令
人震撼。基于他们大不相同的立场，他们恐怕不会对别的任
何事情达成一致看法，但几乎可以肯定他们对这个问题的回答

是共同的断然而轻蔑的“不”。

根据历史来看，如果我们把创造力的展现作为我们的善之
203 标准，我们会感觉他们的回答是很滑稽的错误。由希腊文明闯入叙利亚文明、伊朗文明、埃及文明、巴比伦文明和印度文明而引发的文明冲突(pammixia)，这种混血儿众所周知的不育看来传给了希腊社会的统治阶级，以及那些在“希律派”或“狂热派”道路上走到底的东方人。这个希腊—东方的世界性社会在一个范围内能够毋庸置疑地避免这种命运，这就是东方下层阶级的下层社会，而拿撒勒就是它的一种类型和象征。由这个下层社会而来，处于一些显然不利的条件之下，一批人类精神迄今为止所实现的最为强大的创造——一群较高级的宗教就出现了。它们的声音传到了所有地方，至今还在我们耳中回响；它们的名称就是力量的名称：基督教、密特拉教和摩尼教；对母亲和她死而复生的丈夫—儿子——这有着西布莉—伊希斯和阿提斯—奥西里斯的不同名称——的礼拜；对天体的崇拜；佛教的大乘派，它随着自己的传播而改变，在伊朗和叙利亚的影响下由一种哲学变成了一种宗教，带着由希腊灵感而来的一种新艺术所表达的印度思想而照耀到远东。如果这些先例对我们有任何意义的话——它们是我们仅有的一些可以照亮覆盖着我们未来的黑暗的光束，它们就预示着伊斯兰教在进入我们近代西方文明的下层阶级的下层社会之后，可能最终会与印度、远东和俄罗斯竞争影响未来的这个荣誉，其影响方式可能超过了我们的理解。

的确，处在西方的影响之下，伊斯兰教幽深性早已经活跃
204 起来，即使是在这些早期岁月，我们也可以分辨出一些精神的运动，它们可能会令人信服地成为一些新的较高宗教的胚胎。

来自阿克里和拉合尔的巴哈教派和艾哈迈迪教派已经派出它们的使者来到欧洲和美国，它们会出现在当代西方观察家们的脑中；但是，就预言这一点而言，我们已经抵达了我们的赫拉克勒斯之柱，那位谨慎的探险者会停住他的行程，克制住扬帆驶入一片未来之海的冲动，对于那片未来之海他只知道一些最为粗泛的方位。我们可以推测将要到来之物的大致形状而获益，我们可以预见很短距离之内的某些要来之事的确切影子，作为我们引路之光的这些历史先例告诉我们，不同文明碰撞而生的那些宗教需要很多世纪才能生长成熟，所以，在必将如此漫长的一场竞赛中，一匹黑马常常就是胜利者。

从亚历山大大帝穿过达达尼尔海峡的那一年，到君士坦丁给基督教以公开赞助的这一年，中间相隔六个半世纪；从印度的希腊统治者米南德向印度的佛教圣人提了“何者为真?”问题的那个时代，到第一批中国朝圣者前往比哈尔(Bihar)的佛教圣地的这个时代，中间相隔五个半世纪。以此类推，西方对伊斯兰教的现代影响——它开始让自己的压力被感觉到仅仅不过150多年，在我们能够清晰预见的时间范围内，显然不可能产生与之相比的影响。所以，任何想要预测这些可能效果的尝试也许都只是一种无益的幻想练习。

不过，我们可以分辨出伊斯兰教的一些原则，如果这些原 205
则被用来影响新的世界性下层阶级的社会生活，可能会对不远将来的“伟大社会”产生一些重要的有益影响。在这种世界性下层阶级与我们现代西方社会的关系中，现在有两个显而易见的危险来源，一个是心理上的，一个是物质上的，前者是种族意识，后者是酒精。与这两个邪恶进行斗争时，如果伊斯兰教精神被接受的话，就可以发挥它已被证明的较高的道德价值和社会价值。

穆斯林之间种族意识的消亡，这是伊斯兰教的杰出道德成就之一。在当代世界中，正是迫切需要这种伊斯兰教美德的传播。尽管历史的记录整体而言似乎显示，在人类持续的异血缘交配中种族意识并非规则而只是例外，但它对于现在的情况而言却是致命性的——晚近这四个世纪几个西方国家之间的竞争中，那些赢得了——至少是现在赢得了——地球遗产的最大份额的民族，它们已感觉到了——非常强烈地感觉到了——种族意识的存在。

尽管在某些方面，对这些讲英语的民族的胜利回顾可以评判为是对人类的一种赐福，但在种族意识这件危险之事上，却很难否认这胜利是一种灾难。那些在海外新世界树立了自身的讲英语的民族，总体而言不是一些“会交际者”。它们通常是清除了它们那些原始的前任，而在那些或者是允许一些原始人口留存的地方——比如南非，或者是从别处输入原始“劳动
206 力”的地方——比如北美，发展出一种日趋瘫痪制度的雏形。在印度，这种制度经历许多个世纪已经发展至成熟，这就是我们深感悲伤和谴责的“种姓”制度。而且，或是消灭或是隔离，这种选择是排他性的。这种政策是为了避免实施这种做法的共同体社会生活的分裂，但付出的代价则是导致了排除种族与被排除种族之间同样危险的国际紧张状态，尤其是当这种政策用于那些并非原始民族而是文明民族如印度人、中国人和日本人这类外族身上时。所以，在这个意义上，讲英语民族的胜利就给人类带来了一个“种族问题”。18 世纪争夺印度和北美的拥有权，如果是法国人而不是英国人获胜，这个问题本来几乎不会出现，至少不会是现在这样严峻和遍及如此广阔

的区域。

现在的情况是种族偏狭的例子越来越多，如果它们对待“种族问题”的这种态度盛行起来，最终可能导致普遍的灾难。然而，种族宽容的力量——它现在看来在一场极为重要的人类精神之战中处于下风，如果有某种迄今为止尚为备用的与种族意识作战的强大影响加入到力量对比中来，它仍然是可以重新取胜的。可以想象，伊斯兰教的精神会是一种适时的增援，它将决定对这个问题的答案是宽容与和平。

就酒精之恶而言，它在被西方势力“打开”的热带地区的原始人口中为害最烈。尽管西方公众舆论中较为文明的那一 207
部分长期以来都清楚这种邪恶，一直在发挥影响与它作战，但它有效行动的力量却是相当狭窄地受到了限制。西方公众舆论只能在一件事情上采取行动，那就是对西方国家的热带属国的西方管理者施加影响。尽管在这方面较为仁慈的管理行为一直有国际协定的强调，现在还在联合国的支持下得到了强化和扩展，但有一个事实是不能改变的：由外部权威施加的即使是最具政治家风度的预防措施也无法将一个共同体从社会恶俗中解放出来，除非是解放的愿望和将这愿望变成自身的自觉行动在这个民族的内心被唤醒。西方现在的管理者们，这些出身于“盎格鲁—撒克逊”者，不管怎样在精神上是与他们的“土著”受监护者相隔离的，他们的种族意识树起了一道身体的“肤色栅栏”；土著人灵魂皈依的任务，是他们力所不及的；就是在这一点上，伊斯兰教或许可以发挥作用。

在这些晚近和快速“打开”的热带地区，西方文明形成了一种经济和政治的充实空间，与此同时也形成了一种社会和精神的虚空。那些原始社会脆弱的习惯性制度原先在这片土地上如鱼在水，现在却被西方机器的沉闷撞击打得粉碎，千百万“土著”男人、女人和孩子突然就被剥夺了他们的传统社会环境，陷入了精神上的赤裸和困窘。较为自由派和明智的西方
208 管理者近来认识到了这种心理毁坏的严重程度，西方的侵入过程无意却又不可避免地导致了这种心理毁坏。这些管理者现在正以同情努力从“土著”社会遗产的残骸中救出一些东西，甚至要在较为坚固的基础上人工重建一些已经被推翻的有价值的“土著”风俗制度。然而，“土著人”灵魂上的这种虚空已经而且仍然是巨大的深渊，“自然界里没有真空”，这个命题在精神世界中也如同在物质世界中一样确切。西方文明本身未能填充这个精神真空，它宁可让这个领域成为一个无可匹敌的物质交流手段的体系，所以只能听凭任何其他的精神力量来占领了。

在中非和印度尼西亚这两个热带地区，面对由西方物质文明先锋在精神层面上向所有来者打开的这个机会，伊斯兰教是具有优势的精神力量。如果这些地区的“土著人”能够成功地重获一种他们可以称之为自己灵魂的精神状态，那就表明伊斯兰教精神能够赋予这种虚空新的形式。这种精神可以期待以许多实际途径来表现它自己，这些表现中的一种可能就是从酒精中解放，这靠一种宗教信念的激励，所以就能够完成一种外来法律的外部制裁所永远实现不了的东西。

那么，对于未来的前景，我们就可以标示出伊斯兰教可能对一个西方社会——这个西方社会已经用它的网笼罩了世界，包括了整个人类——的世界性下层阶级发挥的两种有价值的影
209 响。就更为遥远的未来而言，我们也可以思考伊斯兰教对宗教的一些新表现可能会产生的贡献。不过，这些可能性全都

是人类当今所处局势的一个快乐结局的派生物。它们假设由西方征服世界而带来的不和谐的文明冲突会逐渐地、和平地将自身塑造为一个和谐的综合体，而新的创造性的变种从这以后又能够同样逐渐地、和平地由这个综合体诞生。然而，这种假设仅仅是一个无法检验的假定，事态的发展可能证实它，也可能未证实它。文明的冲突可能以一个综合体来结束，也同样可能以一场爆炸来结束。如果是后面这种灾难，伊斯兰教就可能起一种颇为不同的作用了，它会成为世界性下层社会针对自己西方主人的暴力反应中的一种活跃要素。

的确，此刻这种毁灭的可能性看来还并不迫切。那个令人印象深刻的表述“泛伊斯兰主义”——它成了西方殖民地管理者的棘手难题——首次由哈米德苏丹的政策传布以后，近来已经在穆斯林脑中失去了它有可能获得的分量。的确，进行“泛伊斯兰主义”运动的内在困难显而易见。“泛伊斯兰主义”只是一种本能的展示，这种本能会驱动一群分散在草原四处吃草的野牛形成一个密集队形，当看见有敌人出现时，就头朝下角朝外。换言之，它是回到面对一个具有优势又不熟悉的对手时那种传统战术的例证，这种传统战术本文已经给了一个“狂热派”的名称。所以，从心理上说，“泛伊斯兰主义”会求助于瓦哈比派或塞努西派血管中的伊斯兰教“狂热派”的精华，但这种心理倾向受到了一种技术困难的阻碍，因为在一 210
个分散到国外的社会中——伊斯兰教就是这样一个从摩洛哥到菲律宾，从伏尔加河到赞比西河的社会，这样的团结战术说来容易做起来难。

兽群的本能会自发地出现，但如果不利用现代西方巧思召唤出来的机械化沟通的精密系统——轮船、铁路、电报、电话、飞机、汽车、报纸等，很难转化为有效的行动。现在，对这些手段的使用超过了伊斯兰教“狂热派”的能力范围，而成功地让自己多多少少成为了它们主人的伊斯兰教“希律派”，想来也渴望使用它们，以一种西方模式重新组织自己的生活——而不是打一场反对西方的“圣战”。当代伊斯兰教世界中，这样一个时代它最为醒目的标志之一，就是土耳其共和国对强调伊斯兰教团结传统的否定。“我们决定自己拯救自己。”土耳其人似乎这样说，“这种拯救在我们看来，就在于学会怎样以一种西方模式的经济自足和政治独立的主权国家的姿态自己站立起来。其他的穆斯林也应该为自己找到适合于他们自己的拯救。我们既不再请求他们的帮助，也不向他们提供我们的帮助。每个民族都为自身，落在最后者被魔鬼掠去！”

尽管从1922年起土耳其人做了可以想到的几乎一切事情来嘲笑伊斯兰教情感，但现在他们在其他穆斯林中是获得而非失去了威望，甚至在那些公开谴责土耳其这条鲁莽道路的穆斯林中也是如此，这靠的就是他们的大胆到现在为止已获得的那
211 些成功。因此，土耳其人今天坚决在走的这条民族主义道
路，明天被其他穆斯林民族以同样的信念而采纳，这是很可能的。阿拉伯人和波斯人已经动了起来。即使那些地处遥远而且迄今仍是“狂热派”的阿富汗人，也把他们的脚放在了这条道路上，而他们不会是最后一个。事实上，不是“泛伊斯兰主义”而是民族主义，才是伊斯兰教民族正在走上的道路，对于穆斯林的主体而言，尽管不想要但不可避免的民族主义的结果将潜入西方世界的世界性下层阶级之中。

对“泛伊斯兰主义”如今前景的这种看法，因想要复兴哈里发的尝试失败而得到了证实。在19世纪的最后25年，奥斯

曼苏丹哈米德在苏丹宫殿的储藏室里发现了“哈里发”这个头衔，开始使用它作为一种手段来汇聚自己周围的“泛伊斯兰教”的感情。然而，1922年后，穆斯塔法·凯末尔·阿塔图克和他的同伴发现一个复兴的哈里发与他们自己激进的“希律派”政治观念不相容，于是首先有了一种历史性的失礼，即将“哈里发”等同为“精神”权力而非“现世”权力，最终则是干脆废止了这个职位。土耳其一方的这个举动刺激了其他的穆斯林，如此专横地对待一种穆斯林历史制度，这让他们感到忧虑。他们1926年在开罗召开了一次哈里发会议，想找到一种办法让这种穆斯林历史制度适应一个新奇时代的需要。任何查看这次会议记录的人都会确信哈里发已经死亡，而这是因为“泛伊斯兰主义”已经沉睡。

“泛伊斯兰主义”已经沉睡，然而我们要考虑到一种可能 212
性：如果一个“西方化”世界的世界性下层阶级起来反抗西方控制，呼喊反西方的领导力量，这位沉睡者是可能醒过来的。对于唤起伊斯兰教的好战精神，这个呼喊具有不可估量的心理作用，即使它睡得如同以弗所长眠七圣一样长久，它也会因一个时代英雄的呼声而醒来。在过去的两个历史性时刻，伊斯兰教都成为了一种标志，代表着一个东方社会胜利崛起，反抗西方入侵者。在先知的第一批继承者的领导下，伊斯兰教解放了叙利亚和埃及，希腊控制的重压在这里已近千年。在赞吉、努尔丁和萨拉丁以及马穆鲁克的率领下，伊斯兰教成为抵抗十字军东征和蒙古人入侵的堡垒。如果人类现在的局势导致一场“种族战争”，伊斯兰教还会行动起来再次扮演它的历史角色。但愿这不会应验。

213

文明的相遇

I

若干个世纪之后，未来的历史学家回望20世纪前半部分，用时间透视所给予的正确比例试着来看这一时期的活动与经历，什么会被挑出来作为我们这个时代的突出事件？我猜想，不是那些占据了我们报纸头条和曾让我们兴奋的轰动一时的或悲剧性或灾难性的政治与经济之事，也不是那些战争、革命、大屠杀、驱逐、饥荒、过剩、衰退或繁荣，而是一些我们仅仅半意识到的事，它们构不成头条标题。那些构成了惊人头条标题的事情，之所以吸引我们的注意力，是因为它们处在生活之流的表面，它们将我们的注意力从那些流速较慢、感触不到、难以估量、处于水面之下、渗透到深层的运动上移开了。然而，无疑是这些深层而缓慢的运动最终构成了历史，也是它们在回顾之时以其巨大而凸显出来，而那些轰动一时之事则在时间的透视中缩回到它们的真正比例。

如同视觉透视一样，精神透视也只有当观看者让自己与观 214
看对象之间有一定的距离才能聚焦。比如，你坐飞机从盐湖城去丹佛，距离落基山最近的景象并不是它最好的景色。当你实际飞越这山脉时，你看到的唯有一片山峦峭壁；当你把这片山脉留在身后，飞越平原时再回头眺望，它们就以它们那巨大的宏伟身躯屹立在你面前，延绵不尽。只有到了此时，你才能看到落基山的美景。

带着头脑中的这么一幅景象，我相信未来的历史学家将能够有比我们更好的比例来看我们这个时代。那么，他们对此可能会说些什么呢?

我想，未来的历史学家可能会说，20世纪的重大事件就是西方文明对当时世界上所有其他存在的社会的影响。他们会说这种影响如此强大如此普遍，以至于它从上到下、从里到外改变了所有受影响者的生活——以一种隐秘的方式影响着男人、女人和孩子的行为、观点、感受和信仰，触碰着仅靠外在物质力量无法触碰的人们灵魂的和弦，不管这物质力量有多么沉重和骇人。我可以肯定，即使距离今天时间很短比如公元2047年，那时回望我们这个时代的历史学家也会这样说。

那么，公元3047年的历史学家会说些什么呢？如果我们是生活在一个世纪之前，我就不得不为假装思考如此遥远之后可能会说或会做之事的胡乱空想而道歉。对于那些相信这个世界是公元前4004年创造出来的人来说，1 100年是一个非常漫长的时间。然而，我今天不需要道歉了。从我们曾祖父的
那个时代起，我们的时间标尺就出现了那么巨大的一场革命， 215
1 100年已是如此短暂，如果我打算在这个星球诞生以来的历史图表的某一页上按规定比例来标示它，肉眼是无法看到的。

那么，比起公元2047年的历史学家们来，公元3047年的历史学家会有一些更有意思的事情来说，因为到了他们那个时候，他们可能对这个故事知道得更多了，而今天的我们可能是处在这个故事的开头某章。我相信，公元3047年的历史学家们会主要对巨大的反作用感兴趣，到了那个时候，牺牲者已经对入侵者的生活产生了这种反作用。到了公元3047年，如同我们和我们的西方前辈所知道的那样，我们的西方文明在自从“黑暗时代”浮现出来后的晚近这1200年或1300年中，已经被来自外部世界——它们在我们的时代是处在被西方世界吞没的行动之中——的反辐射的影响改变得几乎认不出来了，这些影响来自基督教正教，来自伊斯兰教，来自印度教，来自远东。

到了公元4047年，作为入侵者的西方文明与作为牺牲者的其他文明之间的那个在今天显得巨大的差别，很可能就会显得不重要了。辐射会有反辐射的影响相随，显现出来的就是一个巨大的单一经验，它对整个人类是共同的。一个文明有自己的地方性社会遗产，这样的经验被它与其他文明的地方性遗产的碰撞击成了碎片，然后就找到了一种新生活——一种新的共同生活，它从这堆残骸中涌现出来。公元4047年的历史学家会说，基督纪元的第二个千年的下半段，西方文明对与它同时代的那些文明的影响，是那个时期的划时代事件，因为这
216 是朝向人类统一为一个单一社会的第一步。到了他们那个时候，人类的统一可能已经成为人类生活的基本条件之一，已是自然秩序的一部分，他们可能需要很大的想象力才能记起文明的先驱者在文明存在的前6000年左右时间内的地方性景观。那些雅典人啊，他们的都城距离他们国家的最远边界不过一天的步行距离；他们那些美国的同时代者——或者说事实上的

同时代者，你可以在16个小时内坐飞机穿越他们的国家，从这边的海飞到那边的海，他们怎么可以表现得(如同我们知道的，他们的确这样表现)似乎他们自己这个小国就是宇宙呢?

那么，公元5047年的历史学家们又会怎么看? 我猜想，公元5047年的历史学家会说，人类这种社会统一的重要性并不在于技术领域和经济领域，也不在于战争领域和政治领域，而在于宗教领域。

II

我们自己时代的历史对几千年后回顾它的那些人会是什么模样? 为什么我敢于做这些预测? 因为我们有大约6 000年的以往历史来做参照，从我们称为“文明”的这种人类社会首次出现，至今已有6 000年左右了。

与人类的年龄相比，与哺乳动物的年龄相比，与地球上生命的年龄相比，与围绕着太阳的我们这个星系的年龄相比，与太阳本身的年龄相比，与太阳在其中并不起眼的我们这个星团的年龄相比，6 000年几乎是极其短暂的时间。 然而，为了我们现在的目的，晚近这6 000年尽管短暂，也给我们提供了我们正在研究的这个现象的其他一些例证——不同文明相遇的例
证。 就这些文明中的一些而言，在我们的时代，我们自己已 217
经有了知道它们整个故事的优势——那些生活在公元3047年或4047年的历史学家们，将来回望我们时也会拥有这种知道我们整个故事的优势。 正是依据一些过去的文明相遇，我才对我们自己的文明与我们同时代的其他文明相遇可能会产生什

么结果做一推测。

拿我们前辈中一位的历史——希腊—罗马文明为例吧，考虑一下在我们现在审视它的还算较远的透视中它向我们显示了什么。

作为亚历山大大帝和罗马人征服的一个结果，希腊—罗马文明辐射到了旧世界的绝大部分地方——进入了印度，进入了不列颠群岛，甚至远至中国和斯堪的纳维亚。当时未被它的影响触动的文明仅有中美洲文明和秘鲁文明，所以，它的扩展在程度和气势上可与我们自己西方文明的扩展相比较。当我们回望希腊—罗马世界在公元前最后4个世纪中的历史时，如今显得突出的正是这种扩展和渗透的伟大运动。这些世纪中在希腊—罗马历史表面起伏的战争、革命和经济危机，占据了当时正奋力挣扎要熬过这些的男人和女人主要注意力的此类事情，现在对我们就无足轻重了，真正有分量的是希腊文化影响的巨潮闯入了小亚细亚、叙利亚、埃及、巴比伦、波斯、印度、中国。

然而，为什么希腊—罗马对这些其他文明的影响现在对我
218 们重要？这是因为这些其他文明对希腊—罗马世界的反作用。

这种反作用部分是以与起初的希腊—罗马闯入相同的风格传递的，也就是说，使用武力。不过，我们今天对犹太人在巴勒斯坦武装反抗希腊和罗马帝国的孤注一掷不太感兴趣，对萨珊王朝期间帕提亚人和他们的波斯继承者在幼发拉底河以东的成功反击也不感兴趣，对早期穆斯林阿拉伯人的轰动一时的胜利也不感兴趣——他们在基督纪元7世纪时用短短几年的时间就将亚历山大大帝在1 000年前征服的中东从希腊—罗马的

统治下解放出来。

我们谈的是另外一种反作用，一种非暴力的反作用，一种精神的反作用，它进攻和征服的不是要塞和行省，而是心灵与头脑。这种攻击由一些新宗教的传教士来进行，这些新宗教在希腊—罗马文明用武力攻击和淹没的那些世界中崛起。这些传教士的领袖是圣保罗(Saint Paul)，他从安提俄克(Antioch)出发，在马其顿、希腊和罗马做了无畏的进军，安提奥克斯(Antiochus)大帝曾经尝试于此却没有成功。这些宗教与希腊—罗马世界的本地宗教不是同一种。希腊—罗马异教的那些神灵植根于一些特殊共同体的土壤，这些神灵是地方性和政治性的，比如雅典卫城的雅典娜(Athene Polias)、普雷内斯提诺的福耳图娜(Fortuna Praenestina)和罗马女神(Dea Roma)。那些对希腊和罗马人心灵与头脑进行这种非暴力反攻的新宗教，它们的神超越了它们原来的地方来源而升华，它们成为了普遍性的神，携带着整个人类的拯救信息——犹太人与非犹太人，塞西亚人(Scythian)和希腊人。或者说，如果用宗教用语来表达这 219
个伟大的历史事件，一个人会说，通过它们古老的地方传统的碰撞与瓦解，一位真神用这个机会开启了人们的心灵。他利用这种折磨人的经历来启示这些顷刻打开的心灵，向他们展示他之性质与目的完满而确实的景象，这些超过了他们此前所能接收到的。

就拿“耶稣基督”这两个词来说——它们对于我们如此之重要，我们可以预言它们对于此后两千年或三千年的人类仍然重要。这两个词就是一种希腊—罗马文明与一种叙利亚文明相遇的见证，基督教因这种相遇而诞生。“耶稣”是一个闪米特动词的第三人称单数；“基督”是一个希腊动词的被动语态分词。这个双重之名见证着基督教是因这两种文化的结合而诞生到这个世界上的。

思考一下如今世界上存在的四种较高的宗教，它们有着一种世界范围的使命：基督教、伊斯兰教、印度教和盛行于远东的大乘佛教。从历史上看，所有这四种宗教都是希腊—罗马文明与它同时代其他文明相遇的结果。基督教和伊斯兰教产生于叙利亚世界对希腊—罗马渗透的两种不同回应：基督教是温和的回应，伊斯兰教是激烈的回应。大乘佛教和印度教则是印度世界对同一个希腊—罗马挑战的温和回应与激烈回应。

今天来回望希腊—罗马历史，已是希腊—罗马文明熄灭之后的大约 1 300 年，有了这种透视，我们可以看到，希腊—罗
220 马世界历史中最为重要的事情就是它与其他文明的相遇。这些相遇之所以重要，并不是因为它们直接的政治和经济结果，而是因为它们长期的宗教结果。这个希腊—罗马例证——我们知道关于它的整个故事，也给我们一些关于文明相遇的时间长度的启发。希腊—罗马世界对其他同时代文明的影响——这相当于现代西方世界从 15 世纪和 16 世纪之交开始对它自己同时代其他文明的影响，是以亚历山大大帝在公元前 4 世纪的征服开始的，到了基督纪元 7 世纪早期穆斯林阿拉伯人从希腊—罗马统治下将中东解放出来之后又过了大约五个或六个世纪，中东世界仍然在翻译希腊哲学和科学的一些经典著作。从公元前 4 世纪到公元 13 世纪，希腊—罗马文明与它同时代的其他文明的相遇用了差不多 1 600 年来实现自己。

现在不妨以持续 1 600 年这样一个时间长度来测量一下迄今为止我们现代西方文明与它同时代的其他文明的相遇。有

人可能会说，这种相遇是以奥斯曼对西方文明故乡的进攻，以西方在我们这个时代的15世纪和16世纪之交的航海大发现而开始的。如果这样算，到现在只有四个半世纪。

如果你们愿意，我们不妨假设人们的心智如今运转得快多了(尽管我不知道有什么证据表明人类心智的无意识部分极大地改变了它的步伐)——即使如此，但看来我们仍然处在我们与墨西哥文明、秘鲁文明、东正教文明、伊斯兰教文明、印度世界和远东世界相遇的这个故事的前面章节。我们刚刚开始看 221
到我们对它们行动的一些效应，但我们几乎还没开始看到它们正在到来的对我们的反作用，这种反作用肯定是巨大的。

只是在我们这一代，我们看见了这种反作用最早动作中的一个，我们发现它非常令人不安，不管我们喜欢与否，我们都感觉到它会是很重大的。当然，我指的是俄罗斯正教这个分支的动作。它之所以重大而令人不安，不是因为它后面的物质力量。不管怎样，俄罗斯人尚未拥有原子弹；但他们已经显示出(我指的就是这一点)让西方的灵魂皈依一种非西方的“意识形态”的力量。

俄罗斯人拿起了西方的一种世俗社会哲学——马克思主义，将其改变为他们自己的某种东西，现在又把它朝我们射回来。这就是反西方的反击的第一箭，不过当轮到力量很可能强大得多的印度和中国的文明对我们西方的挑战做出回应之时，俄罗斯人这种共产主义形式的反击发射看来只是一件小事。长期而言，印度和中国很可能会对我们西方生活产生深远得多的影响，远远超过俄罗斯以它的共产主义所希望产生的影响。然而，即使是相对较弱的墨西哥土著文明也开始了反作用。墨西哥从公元1910年以来所经历的革命，或许可以被 222

解说为摆脱我们在16世纪强加给它的西方文明的表面治理的第一个举动。今天在墨西哥发生的事情，明天就可能在南非、秘鲁、玻利维亚、厄瓜多尔和哥伦比亚的土著文明的所在地发生。

III

在结束之前，我必须就一个我一直回避到此刻的问题说几句。这个问题就是：我们所说的“文明”意味着什么？显然，我们确实是指某种东西，因为甚至在我们尝试去界定我们的所指之前，人类社会的这种分类——西方文明、伊斯兰教文明、远东文明、印度文明等，看来就具有了意义。这些名称的确在我们脑中会就宗教、建筑、绘画、礼仪和习俗方面唤出一些独特的画面。不过，用一个我们已经下了大功夫的表述来更接近我们的所指，这要更好一些。我相信，我知道自己所说的文明指什么，至少我确信我知道怎样去抵达自己关于文明的观念。

所谓文明，我指历史研究的最小单位，当一个人尝试去理解自己国家——比如说美国或大不列颠联合王国——的历史时，他就会抵达这里。如果你想就美国本身来理解美国的历史，这是无法理解的。你无法理解美国生活中联邦政府、代议政府、民主、工业制度、一夫一妻制、基督教所起的作用，除非你的视野超越了美国的界线——越过了美国的边界到达了西欧，到达了西欧人建立的其他海外国家；你还要超越它的当地来源，回到在哥伦布或卡伯特穿越大西洋之前几个世纪的西

欧历史中。不过，要让美国的历史和制度在实用的层面上可 223
以理解，你倒不需要超越西欧进入东欧，或者是进入伊斯兰教世界，或者是在我们西欧文明起源之前再去追溯希腊罗马文明的衰退和倒塌。这些时间和空间上的限制就给我们一个社会生活可以理解的单位，美国、英国、法国或荷兰是这个单位的一个部分，我们将这个单位称为西方基督教世界、西方文明、西方社会、西方世界。同样，如果你从希腊或塞尔维亚或俄罗斯开始，尝试去理解它们的历史，你就会抵达一个正教基督教世界或拜占庭世界。如果你从摩洛哥或阿富汗开始，想要理解它们的历史，你会抵达一个伊斯兰教世界。从孟加拉或迈索尔或拉杰普塔纳开始，你则会发现一个印度教世界。从中国或日本开始，你则会发现一个远东世界。

我们恰巧是其公民的这个国家，对我们的忠诚形成了更为具体更为专横的要求，尤其是在现在这个时代，但我们是其成员的这个文明事实上在我们的生活中更为重要。我们是其成员的这个文明包括——在其历史的绝大部分阶段中包括——除了我们自己之外的其他国家的公民。这个文明要比我们自己的国家更古老：西方文明的年龄约为 1 300 年，而英格兰王国的年龄才 1 000 年，英格兰与苏格兰联合王国的年龄还不到 250 年，美国才 150 年多一点。国家倾向于短命和猝死：在大不列颠联合王国和美国如同它们晚近的同时代者威尼斯共和国和奥
匈(二元)帝国那样从这个世界的政治地图上消失之后，你我为 224
其成员的这个西方文明还会生存几个世纪。这就是原因之一，所以我请求你们以文明为单位而不是以国家为单位来观看历史，将国家视为文明生命中一些从属和短暂的政治现象，因为国家会在文明之中出现又消失。

225

基督教与文明

最近几天，当我重新阅读自己为这篇文章准备的笔记时，我脑中浮现着一个场面，这是大约 1 400 年前一个庞大帝国的都城，当时这座都城战火燃烧——不是一场前线作战，而是后方的战争，是一场混乱和街头打斗的战争。这个帝国的皇帝[①]召集大臣们开会，以决定他是否应将这场战争持续下去，或者是他应该登船溜之大吉。就在这次御前会议上，他的妻子——那位皇后[②]，来到会场发表意见，她说："你，查士丁尼，如果你愿意，可以坐船而走，船就在码头，海路仍然畅通。但是我是要留下看看结局的。因为帝国就是最好的裹尸布。"我想到了这句话，它是我的同事贝恩斯教授为我找到的。当我想到它的同时，也想到了我正在写的那个日子和事

① 即东罗马帝国皇帝查士丁尼一世，公元 527—565 年在位。其间，他编撰《查士丁尼法典》，主持修造索非亚大教堂，甚至几乎恢复了昔日罗马帝国的辉煌。——编者注

② 即查士丁尼一世之妻，狄奥多拉皇后。她出身微贱，但智慧过人。公元 532 年尼卡暴动中，她拒绝与皇帝逃命，因为她的坚定，暴乱终结，查士丁尼的政权得以保存。——编者注

件，我决定修正它，把它改为“一块更好的裹尸布是上帝之国”——它更好是因为这块裹尸布会起死回生。现在，对这句希腊名言的改述，我想已使它很接近牛津大学箴言的那三个拉丁词。如果我们相信“主照亮我”(Dominus Illuminatio Mea) 226
这三个词，并能实践它们，我们就可以毫不惊慌地期待任何走向我们的未来。物质的未来我们很难掌控，暴风雨可能袭来，把那些高贵而可爱的建筑击倒，使所有石头都散落一地；然而，如果这三个拉丁词告知的是关于这个宇宙、关于我们自己的真理，那么我们就可以肯定，尽管石头会被击落，但我们的生存之光却不会熄灭。

现在，让我们以一个非常轻松的转折过渡到我这篇文章中的主题——基督教与文明的关系。从基督教会创建以来这就一直是一个有着争议的问题，当然，对此有着各种不同的看法。

在那些最古老最稳固的看法中，有一种认为基督教是它成长起来的那个文明的破坏者。我想，这是当罗马皇帝马可·奥勒留意识到基督教在他的世界中存在时的看法。他的继任者尤利安皇帝尤其这样断然和暴烈地看，英国历史学家吉本(Gibbon)也是这样的看法，他在多少年之后记述了罗马帝国的衰亡。吉本这本史著的最后一章中有一句话，他以这句话概括了整部著作的主题。回望过去，他说道：“我描述的是野蛮和宗教的胜利。”要想理解他的意思，你就必须从此书第七十一章中间回到第一章开头的一段，这些是对公元 2 世纪安东尼诸帝时期处于和平状态的罗马帝国的一种非常庄严宏伟的描述。他让你们从这里开始，在这个漫长故事结束时他说，“我 227
描述的是野蛮和宗教的胜利”，意思就是基督教和野蛮推翻了安东尼诸帝所代表的文明。

人们通常不会质疑吉本的权威，但我相信他这个观点中有一个谬误，损害了整个观点。吉本假定希腊—罗马文明在安东尼诸帝时期处于它的高峰，回溯从这个时期朝后的衰退，他就是以此作为衰败的开始。显然，如果你采纳这个观点，基督教的兴起就是这个帝国的下沉，基督教的兴起就是文明的衰亡。我想，吉本最初的失误就在于假定希腊—罗马世界的古文明是在公元2世纪开始衰退的，安东尼诸帝的时代是这个文明的最高点。我认为，这个文明真正开始衰退是在公元前5世纪。它不是死于谋杀，而是死于自杀。这种自杀行为在公元前5世纪结束之前就已经产生了。甚至不是基督教之前的那些哲学应为这个古代希腊—罗马文明的死亡负责。这些哲学是因为这个文明的公民生活已因将自身转变为一个偶像并过度崇拜而死亡才兴起的。这些哲学的兴起，以及随后那些宗教的兴起——基督教就是作为它们所有的最后继承者从它们之中出现的，这些是希腊—罗马文明已经将自身置于死地之后发生的事情。这些哲学的兴起，更不必说这些宗教的兴起，都不是原因，而是结果。

228 当吉本在他著作开篇时观察安东尼诸帝时代的罗马帝国，他虽然没有明确地说——但我肯定他心里是这么想的，他也将自己想象为站在另一个文明的高峰，回望过去的那个遥远高峰，这二者之间相隔着一片辽阔的野蛮低谷。吉本自忖："在马可·奥勒留皇帝死亡的次日，罗马帝国就进入了衰退。从那以后，我吉本和我这一类人所珍惜的那些价值就开始退化了。宗教和野蛮开始获胜。事情的这种可悲状态盛行了千百年。然后，在我这个时代的前几代，就在17世纪结束时，一种理性的文明再次开始浮现。”从他这个18世纪的高峰，吉本回望2世纪时的安东尼时代的高峰，这种观点——它在吉本的著作中是含蓄的，我想——被20世纪的一位论者非常清晰明快地表达出来了。对此，我想要引用他颇长的一段文字，因为可以说它就是我所要维护主题的一种正式的对立面。

> 希腊和罗马社会建立在个人从属于集体、公民从属于
> 国家的观念之上。它将共同体的安全作为管理的最高目
> 的，无论是在这个世界中还是在将要到来的世界中，它都高
> 于个人的安全。以这种无私的理想，公民从童年就开始训
> 练，将他们的生命奉献给公众服务，随时准备为了集体利益
> 牺牲自己；如果他们在这种最高的牺牲面前退缩，那他们所
> 想到的就只会是自己卑鄙地把个人生存放在了自己国家的
> 利益之上了。所有这些都因东方宗教的传播而改变。那些 229
> 东方宗教向信众灌输灵魂跟随上帝，上帝的永恒拯救是活
> 着的唯一目标，与这个目标相比，国家的繁荣乃至于存在都
> 降得无足轻重了。这种自私而邪恶的教义，它不可避免的
> 结果就是信徒越来越多地从公共服务中退出，将他的思想
> 集中于他自己的心灵情感上，在自己内心培育对现世生活
> 的蔑视，将现世生活视为仅仅是一种较好的不朽生活的试
> 用期。圣徒和隐士，鄙视尘世，对天国则心醉神驰，这些变
> 成了人类最高理想的流行看法，替代了原来爱国者和英雄
> 的理想，那些人公而忘私，活着是为了自己国家的利益，也
> 准备为此去死。对于那些眼睛注视着随天堂彩云而来的上
> 帝之城的人来说，尘世之城显得可怜可鄙。可以这么说，重
> 心于是就从现世转到了未来；由于这种转变，不管未来世界

> 能够获得多少，现在这个世界却是毋庸置疑地失去了很多。实体政治开始普遍性地瓦解了，国家与家庭之间的联系松懈了，社会结构开始将自身分解为单个的元素，从而再次堕落到野蛮之中，因为文明只有通过公民的合作行为才有可能出现，公民必须愿意让他们的个人利益服从于集体利益。人们拒绝保卫他们的国家，甚至是延续他们的同类。在他们拯救自己的灵魂和其他人灵魂的焦虑中，他们赞同放弃这个物质世界，他们将它等同于邪恶的本质，要在自己的周围毁灭这些。这种痴迷持续了1 000年。中世纪结束时，罗马法律的复兴、亚里士多德哲学的复兴、古代艺术和文学的
> 230 复兴，标志着欧洲回归到了质朴的生活和行为理想，回归到了较为心智健全、较为人性的世界观。文明行进中这个漫长停滞结束了。东方入侵的潮头终于落下去了，它持续退去。

的确，它还在退潮！ 一个人可能会琢磨，这段文字的作者——它于1906年首次出版——如果今天为他这本书的第4版进行修订，他会写些什么呢？ 当然，许多阅读本文的读者会熟悉这段话。 我还没有提到这位作者的名字，但对于那些尚不知道这位作者的人，我得说它的作者并不是阿尔弗雷德 · 罗森伯格[①]，而是詹姆斯 · 弗雷泽[②](见他的著作《金枝》)。 我在想，对于欧洲显示自身回归“质朴的生活和行为理想”的最新形式，这位温良的学者会怎么想？

① 阿尔弗雷德 · 罗森伯格(Alfred Ernst Rosenberg, 1893—1946)，德国纳粹党政治哲学家，曾出版书籍《20世纪的神话》鼓吹纳粹主义。 ——编者注

② 詹姆斯 · 弗雷泽(James George Frazer, 1854—1941)，英国著名的人类学家、宗教历史学家、民俗学家。 ——编者注

现在，你可以看到弗雷泽这段话中最有意思的论点，就是认为想拯救一个人的灵魂与想尽一个人对自己邻居的责任这二者相矛盾，不相容。在这篇文章中，我会对这个观点提出挑战。此刻，我只想指出弗雷泽只是与吉本提出了相同的观点，并用更清晰的语言来加以表述。在这一点上，我把我已经斗胆给了吉本的答案也给弗雷泽：基督教并不是古希腊文明的破坏者，因为在基督教兴起之前，这个文明由于它自身的内在缺陷就已经衰败了。然而，我也同意弗雷泽——并且请你们也与我一起同意，基督教的潮流一直在退潮，业已出现的我们后基督教的西方世俗文明，与前基督教的希腊—罗马文明是属于同一序列的文明。这种观察又打开了对基督 231
教与文明关系的第二种可能的观点，它不是吉本和弗雷泽共同拥有的观点，不是基督教是文明的破坏者的观点，而是另外一种观点——在其中，基督教以文明的谦卑仆人的角色而出现。

根据这第二种可能的观点，基督教是——它过去也是——蝴蝶代际之间的卵、幼虫和蝶蛹。基督教是一件过渡之事，它在一个文明与另一个文明之间的鸿沟上架起桥梁。我承认，我本人持有这种颇为要人领情的观点已经许多年了。以这种观点，你会把基督教会的历史功能视为一个文明繁殖的过程。文明是一个存在的物种，它寻求繁殖自身，而基督教具有一种帮助然而又是从属的作用，使两个新的世俗文明在它们的前任死亡之后诞生。你发现公元 2 世纪结束后，古老的希腊—罗马文明走向衰退；然后，经过一段间隔后，你发现，或许早在 9 世纪的拜占庭，早在 13 世纪那位有“世界奇迹”之称的腓特烈二世的西方，一个新的世俗文明就从它的希腊—罗马前任的废墟中诞生出来了。你观察基督教在中间这个间隔中的作用，会得出结论说基督教是一种蝶蛹，它含有和保存了生命的隐藏萌芽，直至这些萌芽能够再次破壁而出，进入一种世俗文明的新生长。这就是对那种认为基督教是古老的希腊—罗马文明的破坏者的理论的替代看法，如果一个人去看海外那
232 些文明的历史，就可以看到显然是符合这同样模式的例证。

就以那些当今世界仍与基督教并存的其他较高宗教为例：伊斯兰教，印度教和现在盛行于远东的大乘佛教。你可以将伊斯兰教的作用视为古老的以色列和伊朗文明与近东和中东的现代伊斯兰文明之间的一种蝶蛹；同样，在文明的历史中，印度教看来在印度也成为了现代印度文化与古老的雅利安人文化之间的桥梁；佛教也是同样，在远东的现代历史与古老中国历史之间担任了类似的中介角色。在这样的图景中，基督教仅仅是一系列宗教中的一个，这些宗教的功能就如同蝶蛹，服务于文明的繁殖，保存着世俗社会这个物种。

我现在觉得在基督教会的构造中或许有一种类似蝶蛹的要素——一种我后文将要讨论的制度性要素，这个要素可能有着一个颇不同于帮助文明繁殖的目的。不过，在我们接受关于基督教的地位和作用的全部解说，接受关于其他活着的较高宗教在社会历史中的地位和作用——社会历史仅仅将这些宗教呈现为文明繁殖过程中的一种帮助手段——的全部解说之前，让我们先来检验一种假设，先来考察一下，两个文明的父—子关系中，由父到子，它们中间是否必定有一个蝶蛹般教会的介入？如果你观察西南亚和埃及的古代文明历史，你就会发现有一种初级的较高宗教，其形式是对一位神和一位相关女神的
233 崇拜。我之所以称它为初级，是因为对坦木兹和伊什塔的崇

拜，对阿多尼斯和阿施塔特的崇拜，对阿提斯和西布莉的崇拜，对奥西里斯和伊希斯的崇拜，都非常接近于对地球和它那些果实的自然崇拜。我想，也是在这一点上，你可以看到这种初级的较高宗教以其不同的面貌，在每一个世俗文明连续性中断的地方都起到了一种历史性的填补作用。

不过，如果我们完成我们的浏览，我们就会发现这样一种表面上的“法则”并不总是适用。我们自己的文明与希腊—罗马文明之间的基督教介入就是如此。在希腊—罗马文明之前，你会发现有过一个克里特文明。然而，在克里特文明与希腊—罗马文明之间，你却找不到任何与基督教作用相似的较高宗教。同样，如果你回溯到雅利安印度古文明之前，你会在印度河流域找到一个更为古老的前雅利安文明的遗迹——这是最近这二十年中才发掘出来的，但同样你看来也找不到这两者之间有任何较高宗教的介入。如果你从旧世界来到新世界，考察中美洲的玛雅人文明，它也同样有由它而诞生的子辈文明，但你也同样找不到这二者之间那个时期中有任何类似于或基督教，或伊斯兰教，或印度教，或大乘佛教这类较高宗教的介入。同样，也没有任何证据表明从原始社会转变到最早的已知文明——我们可以将它们称为文明的第一代，有类似的蝶蛹性桥梁存在。所以，当我们完成了对整个文明领域的考
察——如同我们现在以一种非常简略的方式所做的一样，我们 234
会发现较高宗教与文明的关系看来依我们所处理的各代文明的不同而不同。在各个原始社会与第一代的各个文明之间，我们看来找不到任何较高宗教的存在；在第一代的各个文明与第二代的各个文明之间，或者是压根儿没有，或者是只有初级的较高宗教；在第二代的各个文明与第三代的各个文明之间，一种

较高宗教的介入看来成为了规则，也只有到这一阶段才如此。

对文明与较高宗教之关系的这个分析，就暗示了对这种关系的第三种可能的观点，它与我已经告诉诸位的第二种观点恰恰相反。在第二种观点看来，宗教附属于世俗文明的繁殖；与它相反的观点则认为文明前后相继的兴起和衰败可能是从属于宗教的成长。

文明的瓦解和崩溃，可能是宗教层面走向更高事物的踏脚石。无论如何，我们所知道的最为深刻的精神法则之一，就是埃斯库罗斯所宣布的那条法则“苦难带来认知”，还有《新约》中的那段话“主所爱者，必磨炼之；主所接纳的每个孩子，必劳苦之”。如果你将此用于那些较高宗教的兴起——它们的高峰就是基督教的发育成熟，你或许可以说，坦木兹、阿多尼斯、阿提斯和奥西里斯的神话性激情已经成为透露耶稣受难(the Passion of Christ)的征兆，而耶稣受难则是人类灵魂在世俗文明的事业中持续受挫之苦难的最高体验。

基督教会本身就起源于这种精神分娩的痛苦，而它是希
235 腊—罗马文明崩溃的产物。同样，基督教会有着犹太教和琐罗亚斯德教的根源，而这些根源又因一个更早的文明崩溃而出现——希腊—罗马文明的姊妹文明叙利亚文明的崩溃。以色列国和犹太国是这个古代叙利亚世界许多国家中的两个，就是这些世俗国家过早和永久的瓦解，以及把作为独立政体的这些世俗国家联系在一起的所有那些政治希望的破灭，导致了犹太教这个宗教的诞生，激起了它的精神在受苦为仆的挽歌中的最高表现，这挽歌附在了《圣经·以赛亚书》中。同样，犹太教也有着一个摩西根源，而这个根源本身又是因古埃及文明第二作物的枯萎而出现。我不知道摩西和亚伯拉罕是不是历史

人物，但我想有一点可以肯定：他们代表着宗教经验的一些历史阶段。 在公元前的19世纪或公元前的18世纪，对于古老的苏美尔和阿卡德文明的瓦解，摩西的前辈和先驱亚伯拉罕获得了他的启悟与希望。 这是我们所知的一种文明走向毁灭的最早例子。 这些悲伤者是基督的先驱，他们经历的苦难使他们赢得了启悟，这就是耶稣受难的预感。 这无疑是一个非常古老的观念，但也是一个永远崭新的观念。

如果宗教是一辆战车，那么载它前往天国的车轮似乎就是尘世那些文明定期的衰败。 文明的运动看似是周而复始的循环，而宗教的运动却是一条持续上升之线。 宗教这种持续上 236
升的运动可能得到了文明诞生、死亡、再生之循环运动的服务和促进。

要是我们接受这个结论，那么它就开启了一种可能看起来相当惊人的历史观。 如果文明是宗教的婢女，如果希腊—罗马文明作为一个好婢女为基督教服务，在这个文明最终破碎之前带来了基督教的诞生，那么，第三代的那些文明可能就是异教徒们徒劳的重复了。 如果较高宗教的历史功能是如同蝶蛹般辅助文明繁殖的循环过程，那么文明的历史功能就是以它们的崩溃作为踏脚石来服务于越来越深刻的宗教洞见启示的渐进过程，以及越来越优雅地依据这种洞见而行的天赋，然后，被称作文明的这种社会一旦带来了一种成熟的较高宗教的诞生，也就实现了它们的功能；如果是这样的话，我们自己这个西方后基督教世俗文明最多也只是前基督教的希腊—罗马文明的一种奢侈复制品，最差则是精神进步之路上的一种有害倒退。在我们今天的西方世界中，对“利维坦”的崇拜——西方民族的自我崇拜，已经成为一种我们所有人都多少对其效忠的宗

教。当然，这种自我崇拜的宗教是彻头彻尾的偶像崇拜。民
主也是从基督教之书上取下来的一页，这一页我担心也是被撕
237 下来的，虽然可能没有被误读，但肯定因为脱离了它的基督教
环境和被世俗化也就意义空洞了。在过去的几代时间里，我
们显然一直是靠精神资本而生活——我指的是行使基督教的仪
式，却不拥有基督教的信仰，而没有信仰支撑的仪式是一种消
耗性资产，我们在这一代突然很惊慌地发现了这一点。

如果这种自我批评是公正的，那么我们就必须修正自己现
在关于现代历史的整体观念；如果我们使用自己的意愿和想象
力来挣脱那种根深蒂固和十分熟悉的观念，我们就会获得一幅
非常不同的历史回顾画面。我们现在对现代历史的观点集中
于我们现代西方世俗文明的兴起，并视此为世界上最晚近的重
大事件。当我们追踪它的兴起，从霍亨斯陶芬家族的腓特烈
二世的天赋对它的第一次预告起，经过文艺复兴到民主、科学
和现代科学技术的喷发，我们把所有这些视为世界上的重大新
事件，我们必须关注，必须钦佩。相反，如果我们把它们视
为异教徒们的徒劳重复之一(希腊人和罗马人在我们之前就做
过而且做得更好的事情的一种几乎没有意义的重复)，那么，
人类历史上最伟大的新事件就可以是另外一件非常不同的事情
了。这个最伟大的新事件就不是晚近这些世纪从基督教会的
怀抱中挣脱的另一个世俗文明的单调兴起，它仍然是耶稣受难
及其精神影响。我们大量的现代科学发现有一个令人好奇的
结果，我觉得它常常被人们忽略。我们的天文学家和地质学
238 家为我们揭示了业已极大改变的时间刻度，以此来看，基督纪
元的开始是一个极其晚近的日子，在这个时间刻度中 1 900 年
不过是眼睛一眨而已，基督纪元的开始就是昨天。在那个老

的时间刻度中，世界的创造和这个星球上生命的开始被计算为发生在 6 000 年之前，只有在这个老的时间刻度中，1 900 年的时间长度才显得是一个漫长的时期，所以基督纪元的开始也就显得是遥远之事了。 事实上，这是一件非常晚近的事——也许是重要的历史事件中最为晚近的，这就使得我们去考虑基督教在地球上的人类未来历史中的前景。

依据对宗教历史和文明历史的这种看法，基督教会的历史功能就不仅仅是作为希腊—罗马文明与它在拜占庭和西方的后辈文明之间的蝶蛹而服务。 设想一下，如果出自古希腊—罗马文明的这两个文明被证明不过是它们父辈文明的徒劳重复，那么就没有理由来设想基督教本身将被一种独特的、单独的、不同的较高宗教所取代，那种较高宗教将作为现代西方文明的死亡与它的孩子诞生之间的蝶蛹。 依据这种宗教从属于文明的理论，你可以期待一种新的较高宗教在每一个场合都出现，以便为度过一个文明与另一个文明之间的鸿沟这个目的服务。如果真相恰恰相反——文明是手段，宗教才是目的，那么，一个文明同样可以瓦解和衰落，但一个较高宗教对另一个较高宗
教的替代就不是必然的结果了。 由此来看，如果我们世俗的 239
西方文明毁灭了，基督教或许不但能留存下来，而且会因这种世俗灾难的新经历而获得智慧、升华成长。

我们自己的后基督教世俗文明有一个以前未有过的特征，尽管这是一个相当表面的特征，但在一个意义上还是颇为重要的：在自己的扩展进程中，我们的现代西方世俗文明毫不夸张地遍及世界范围，将其他所有留存下来的文明和原始社会都纳入它的网中。 初次出现时，基督教因希腊—罗马文明而具有了一种普遍性，罗马帝国及其有着护守作用的道路和船运通道

提供了这种形式，这成了基督教围绕地中海沿岸传播的助力。我们现代西方世俗文明，可能也以给基督教类似罗马帝国的一个完整世界范围，供其传播，而实现了自己历史服务的目的。虽然这场战争中的胜利者可能就是它的发动者，但我们现在还远未达到罗马帝国的水平。然而，远在这个世界的政治统一之前，它在经济上和其他物质方面就已经统一了。我们当今世界的这种统一很早就为圣保罗打开了道路，在“罗马和平”的保护下，他从奥龙特斯河走到了台伯河；从台伯河走到了密西西比河，从密西西比河走到了长江。克莱门特和奥利金在亚历山大的著作里将希腊哲学注入基督教中，这可能就使远东某个城市也学着把中国哲学注入基督教中。这种智力技艺的确早已部分表演过了。那些最伟大的现代传教士和现代学者
240 中有一位叫利玛窦(Matteo Ricci)，他既是一位耶稣会神父，又是一位中国式学者，在基督纪元 16 世纪尚未结束时就开始了这个工作。即使是在罗马帝国时期，基督教也能够从其他东方宗教中吸取和继承它们最好的核心，所以印度现在的宗教和远东今天的佛教形式可以贡献新的因素，使之融入未来的基督教中。所以，我们就可以期待恺撒帝国衰败之后——恺撒帝国在经历几个世纪之后总是要衰败的——将会发生的事情。有可能发生的事情会是基督教作为所有那些其他较高宗教——从崇拜坦木兹和伊什塔的后苏美尔的初级较高宗教到公元 1948 年仍然单独地与基督教并肩而存的那些宗教，以及从埃赫那吞到黑格尔的所有哲学——的精神继承人留存下来，而基督教会作为一种制度也可能成为所有那些其他教会和所有文明的社会继承人留存下来。

这幅图画的这一面将人带到了另外一个问题——一个总是

既旧又新的问题：基督教会与天国的关系问题。我们似乎看到了一系列不同种类的社会在这个世界上相继出现。在过去这 6 000 年的短暂时间里，原始社会让位于被称作文明的第二类社会，所以，这种局部和短暂的第二类社会又可能让位于第三类社会——以基督教会为形式的一个单一的世界范围的持久代表。如果我们可以对此期待，那么我们就必须问我们自己这样一个问题：假设这将会发生，那它是不是意味着天国将在 241
尘世建立起来？

我想，在我们今天，这是一个非常中肯的问题，因为某种尘世天堂是如今绝大部分世俗意识形态的目标。对我而言，对此的回答是断然的“不会”。这有几个原因，我下面将尽我所能向各位解说。

一个非常明显而且众所周知的原因是社会的本质和人的本质。无论如何，社会只是一系列个体行动领域之间的共同基础，而人的个性就我们所知在这个世界上有一种天生的亦正亦邪的能力。如果这两种状态是真实的——我相信它们是真实的，那么除非是人的本性本身经历了一种道德突变，导致了它本身性格的一种根本变化，否则在尘世的任何社会中，这种邪的可能性就如同正的可能性一样，会随着每个孩子而一次次来到这个世界上，而且只要这个孩子活着就永远不会完全去除。这就等于是说，由一个普遍的教会来替代文明的多样性，这不会清除人的原罪性质。这又导致了另外一种思考：只要原罪仍然是人性之中的一个要素，恺撒就总会有事情可做，这个世界仍然是恺撒之物归于恺撒，上帝之物归于上帝。尘世的人类社会就整体而言将不能免除一些制度，这些制度的奖惩并非纯粹是个人的活动使然，而是部分因为习惯甚至部分因为强

力。这些不完善的制度将不得不由一种世俗力量来管理执行，它可能从属于宗教权威，但并不能因此而被消除。即使
242 恺撒不单从属于教会，而且被教会完全消除了，他的一些东西仍然会在他替代者的构成中留存下来，因为到今天为止，一些制度因素从历史观点上说已经在教会自身的生活中处于支配地位了，这表现为它传统的天主教形式。这种形式，从长远的历史眼光来看，是一个身处其中的人必须关注的。

在教会的这种天主教形式中，我看到两种基本制度——弥撒和圣统，这二者不可分解地联结在一起，这是因为按照定义神父是拥有权力来执行弥撒仪式的人。就弥撒而言，如果一个人可以没有恶意地以历史学家和人类学家的口吻来说，那么使用这种语言，人们可以将弥撒形容为一种最古老的宗教仪式的成熟形式，这种仪式的雏形可以追溯到土地的最早耕作者对地球母亲的多产和她果实的崇拜(我这里仅仅是讲这种仪式的世俗来源)。至于教会传统形式的圣统，如同人们所知道的，则是模仿一个更为晚近更少令人敬畏，然而却更为强大的制度——罗马帝国的文官制度。所以，传统形式的教会就装备着一套沉重的制度盔甲——以弥撒之矛、圣统之盾和教皇之盔来武装，这或许还有着一种潜意识目的——或者是神圣的意图，如果你更愿意用这种语言的话。教会把自己覆盖起来的这套盔甲非常实用，其耐用超过了这个世界上一些最坚韧的世俗制度，包括所有的文明。如果我们考察一下我们所知的所有古今制度，我想，基督教创造、吸收、采纳的那些制度是我
243 们所知这些制度中最坚韧最耐久的，所以，也就是最有可能持久存续的——超过其他所有制度。看来新教的历史表明新教徒在400年前扔掉这套甲胄是不成熟的，但这并不必然意味着

这一点就一定是个错误。不管它可能是什么，“尘世的战斗教会”(the Church Militant on Earth)的传统天主教形式，它里面的这种制度因素即使被证明是一种无价的、不可或缺的生存手段，但也仍然是一种俗世的特征，使得战斗教会的生活不同于天国的生活。在天国生活中人们既不娶亲也不出嫁，都是主的天使；在天国，每个个体灵魂都通过与主的直接契合而获得上帝之灵——如同柏拉图在他的《第七封信》中所言，“就像从一堆跳跃的火焰中得到光明”。所以，即使教会赢得了整个世界范围的忠诚，进入文明的最新者和所有其他较高宗教的遗产之中，尘世的教会仍然不会是天国在尘世的一个完美体现。尘世的教会仍然会有罪孽和悲伤要对付，并且作为一种依据某种宗教原则的优雅处理手段而获益。在未来的漫长时间里，它还将不得不穿戴这套制度的盔甲，让自己具有广泛的社会团结，这是它在世俗斗争中生存所需要的；然而，这又是一种不可避免的代价，使得它的精神重量减少了。由此来看，尘世胜利的战斗教会将是上帝之国的一个行省，在这个领域里，天国般社群中的公民将不得不在一种并非他们天然元素的氛围中生活、呼吸和劳作。

这样，教会将发现自身所处的位置在柏拉图《斐多篇》对 244
尘世真正表面的想象中已经很好地传达出来了。柏拉图认为，我们生活在一个大而局部的洞穴之中，我们以为是空气的东西其实是雾的沉淀。如果有一天我们能够设法升到尘世表面的较高层，我们在那里就能够呼吸到纯净的以太，可以看到太阳和星辰的直光，然后我们可以认识到居住在下面那个洞穴时我们的视野曾是多么昏暗模糊，我们从那里透过所呼吸的朦胧大气来看天体，其缺憾就如同鱼透过它们所游之水来看。就尘世的战斗教会的生活而言，这个柏拉图式的想象是一个很好的类比，不过，还是圣奥古斯丁把这个真理说得最为透彻：

> 据记载该隐创建了一个共同体，但亚伯没有做这样的事情——这与他这种类型的朝圣者和旅居者是一致的。因为这个圣徒的共同体不属于这个世界，尽管它的确在这个世界上诞生了一些公民，这些人实施对它的朝圣直到它的王国到来，那时它也将把他们全都聚到一起。

这就把我带到了我一直在探讨的这些主题的最后一个结论，也就是基督教与进步的关系。

尘世的教会永远不会成为天国的完美体现，如果这是真的——我想这是真的，那么在何种意义上我们可以说主祷文中的“天国将来，它将在尘世实现，如同在天上”这些话呢？无论如何，与文明兴衰的循环运动相比，尘世的宗教历史是一
245 个持续的直线上升运动，如果我们得出这样的结论是对的吗？历史时代中有持续的宗教的进步，这有什么意义？我们有任何理由认为这种进步会持续下去而没有结束吗？即使称作文明的这种社会让位于一种历史上较为年轻、精神上或许较高的社会——以基督教会为形式的一个单一的世界范围的持久代表，难道就不会出现一个基督教与原罪之间战争苦熬的动荡时期，直至安定为精神力量的静态平衡吗？

让我提出一两点考虑来回答这些问题。

首先，宗教的进步意味着精神进步，而精神意味着个性。所以，宗教的进步就必须发生在个性的精神生活之中，它必须

以个性上升为较高的精神层面，获得精神性上较高的活动来显示自己。

现在，假设这种个人的进步就是精神进步之义，那我们归根到底是不是得承认弗雷泽的主题——较高宗教本质上是不可矫正地反社会？人的兴趣和精力从试图去创造那些意在文明的价值观念转移到试图去创造意在较高宗教的价值观念，这就意味着文明所代表的那些价值观念注定遭受苦难吗？精神价值与社会价值对立而抵触吗？如果个体灵魂的拯救被作为生活的最高目的，文明的构造就会受到破坏吗？

弗雷泽对这些问题的回答是肯定的。如果他的回答是对的，那就意味着人的生活是一种没有净化的悲剧。然而，我
个人相信，弗雷泽的回答并不对，因为我认为它依据的灵魂性 246
质或个性性质的观念在根本上是错误的。个性只有作为精神活动的代理者才能够被理解，精神活动只有放在精神与精神的联系中才能够被理解。这是因为精神暗示着一种精神联系，这就是基督教神学用基督教三位一体学说补全了犹太教上帝统一性的学说。三位一体的学说是表达上帝为一种精神之启示的神学方式，救赎的学说是表达上帝为爱之启示的神学方式。如果人是以上帝的样子来创造的，如果人的真正目的是让这种样子越来越像，那么亚里士多德所言“人是一种社会动物”就适用于人的最高潜力和目的，即努力建立一种与上帝更紧密的联系。寻找上帝本身就是一种社会行为。如果上帝的爱以基督对人类的救赎成为这个世界上的行动，那么人努力使自己更像上帝就必须包括努力学习基督的榜样，将自己奉献于对自己同伴的救赎。以这种方式来寻找和跟随上帝，这就是上帝的方式，是尘世中人的灵魂寻找拯救的唯一真正方式。通过寻

找和跟随上帝来拯救一个人自己的灵魂，尽一个人对自己邻人的责任，假设这二者之间相互对立完全是虚妄的。这两种行为是不能分开的。一个真正在寻找拯救自身的灵魂，就如同蚂蚁一样的斯巴达人或蜜蜂一样的共产主义者，也是充分社会性的。唯一不同的是，尘世的基督教灵魂是一个迥异于斯巴达或利维坦的社会中的成员，是上帝之国的公民，所以他至高无上包括一切的目的就是要达到最高程度的与上帝相
247 像、与上帝同一，他与自己同伴的关系是他与上帝关系的必然结果；他爱邻人如爱自己的方式，将帮助他的邻人去赢得他正在为自己寻找的东西，这就是更近地与上帝合一，与上帝更相像。

如果这是一个灵魂在尘世的战斗教会中为自己和自己同伴灵魂所认识到的目的，那么有一点很明显：在基督教的天命之下，上帝的意愿如同在天国一样将在尘世实现，其无限的程度要远远超过在世俗的平凡社会。在尘世的战斗教会中，世俗社会的良好社会目标会附带性地更为成功地实现，远远超过它们在一个旨在直接实现这些目标而没有更高追求的世俗社会中所做到或能够做到的，这一点也不言而喻。换言之，个体灵魂在此生的精神进步，事实上将随之带来更多的社会进步，超过了任何其他方式所能获得的。生活中一个矛盾但又极为正确的原理就是：实现一个目标的最有可能的方式并不是针对这个目标本身，而是针对一个超越它的更为雄心勃勃的目标。这就是《旧约》中所罗门的选择那个寓言的意思，也是《新约》中谈失去一个人的生命又拯救了他的意思。

所以，尽管用尘世战斗教会遍及世界范围的持久统治来代替世俗文明，但肯定会为世俗社会环境带来在今天看来不可思

议的改进——那些文明在过去的 6 000 年中一直寻求改进这种环境；但在处于尘世的真正的基督教天命之下，进步的目标和检验，并不在于世俗社会生活的领域，而在于个体灵魂的精神 248
生活领域，在于他们穿过由出生进入这个世界、因死亡走出这个世界的尘世生活的这段精神历程。

不过，如果精神进步在这个世界上意味着个体灵魂在他们穿越这个世界抵达另一个世界的历程中所取得的进步，那么在一个比个人生命的尘世时间长得多的时间长度内——它延伸了数千年，比如从坦木兹崇拜的兴起、亚伯拉罕时代，到基督教时代的这些较高宗教的历史发展，在何种意义上会有精神进步呢?

我已经承认自己对一种传统基督教观点的认同：只要人的生活在尘世延续，就没有任何理由来期待未赎罪的人性有任何改变。 在这个尘世的物质层面不再适于人居住之前，我们或许可以期待有着原罪也有着自然良善的个人禀赋在整体上保持着我们到现在所知的那种常态。 我们在实际生活中或通过报道所知的最为原始的那些社会，既显示了伟大的自然良善的例证，也展示了毫不逊色的邪恶，这些都不亚于那些现在仍然存在的最高文明或宗教性社会。 在以往的人之本性的平均抽样中并无什么明显变化，从历史所提供的证据来看，并无扎实理由来期待人性在未来有任何大的好转或恶化。

在一个延伸为尘世许多代人的时间长度中，精神进步的意义不在于人性的顽固不化，而在于为灵魂开启的机会，这靠的是因苦难而来的认知，在穿越尘世的历程中越来越近地与上帝 249
合一，从而与他变得越来越相像。

基督和他以前的先知及他之后的圣徒留传给基督教会的遗

产以及教会借此被塑造为一种无比有效的制度，从而成功地累积、保存并向一代代基督徒传播的，是一笔增长的照亮和恩惠的基金。所谓“照亮”，是指对上帝之真正性质和人此生、来世之真正目的的发现、启示或揭示；所谓“恩惠”，是指想要更接近上帝，更与他的意愿感悟，或激励相像。就灵魂在穿越尘世生活的历程中一直增长的精神机会而言，这个世界无疑有着无尽的可能性。

由基督教给予的精神机会，或者是由作为基督教先驱，并且部分预告了基督教对尘世之人的照亮和恩惠之礼物的宗教或其他较高宗教给予的精神机会，是不是拯救的一个不可或缺的条件？——所谓“拯救”是指一种精神作用，它让一个灵魂感觉到跟随上帝，并在自己穿越尘世的生活中找到了他。

如果是这样，那么无数代人从来没有机会接受由基督教和其他较高宗教传递的照亮和恩惠，就只能生而即死，无缘得到拯救了，因为拯救是人的真正目标和尘世生活的真正目的。尽管可能矛盾，但仍然是可以理解的，这就是我们相信尘世生
250 活的真正目的并不是灵魂为来生做准备，而是就在这个世界上建立尽可能最好的人的社会，这在基督教的信仰中并不是真正的目的，但却是追求真正目的时几乎可以肯定会收获的副产品。如果进步被认为是利维坦的社会进步，而不是个体灵魂的精神进步，那么就可以想象，为了社会和个人的利益与荣誉，之前无数代社会注定是过一种低级的社会生活，以便让进入到他们劳作之中的后来者最终能过一种高级的社会生活。这只有在这样一种假设上才可能想象：个体灵魂的存在是为了社会的缘故，而不是为了自己的缘故或为了上帝的缘故。然而，这种想法不仅令人生厌，而且从宗教史的角度来看不可思

议。在宗教历史中，个体灵魂在这个世界朝向上帝的进步，才是体现最高价值的目的，而不是这个世界中的社会进步。我们无法相信这样一个在历史上无可置疑的事实：照亮和恩惠逐步给予尘世之人，这在尘世的人类历史上开始得颇晚，而且是在一代代人的历程中逐渐到来，因此就是这样一种推论——迄今为止生到尘世的绝大部分灵魂，他们未能分享到这个精神机会，于是在精神上就沉沦了。我们必须相信，由上帝提供的在这个世界上通过苦难而认知的可能性，总是会提供足够的拯救方式给每一个灵魂，让其充分利用这样的精神机会，不管这个机会可能会是多么微小。

然而，如果尘世之人不必去等待那些较高宗教的到来——以基督教为顶点，不必以此让自己的尘世生活合格从而能够最终在死后获得另一个世界中的永恒幸福，那么，尘世上那些较 251
高宗教的到来，基督教本身的到来，又有什么意义呢？我得说，意义就在于：有了基督教的天命，一个最好地利用了自己精神机会的灵魂，通过让自己得到被拯救之资格，就会在尘世的环境中于死亡之前更近地去与上帝合一，去与他相像，这就超过了那些到尘世走一遭但没有被较高宗教之光所照亮的灵魂能够做到的。一个异教灵魂，如同一个基督教灵魂一样，在他的到达范围内也有最终的拯救，但一个得到了基督教传递的照亮和恩惠的灵魂，一个自己向此敞开的灵魂，在这个世界上，会更为明亮地被来世之光所照耀，超过了一个也以最好地利用了这个世界向其开放的一个较狭窄机会而赢得了拯救的异教灵魂。比起这个尘世阶段的任何异教灵魂，一个停留在这个世界的基督教灵魂可以做到更大程度的个人的最高良善。

所以，这个世界上由那些较高宗教出现、由为其顶点的基督教出现所代表的历史性宗教进步，将会——几乎肯定会——附带性地随之带来尘世人类社会生活环境的不可计量的改进，但它的直接作用、它的有意识的目标和它的真正测验却是它为个体灵魂带来的在这个世界上由生至死历程中精神进步的机会。当我们祈祷“它将在尘世实现，如同在天上”时，我们所祈求的正是这种个人在尘世中的精神进步。当我们说“天国将来”时，就是为了这个向所有具有善意者——异教徒和基
252 督徒，原始人和文明人，不管机会是多么微小，他们充分利用了自己在尘世的这个精神机会——敞开的拯救。

历史对于灵魂的意义 253

神学—历史

本文讨论的这些问题，在过去几个世纪中已由神学家与哲学家激烈地争论过了。所以，现在来谈论它们，笔者有可能陷入一些在他的读者看来是基本的错误。他也肯定要涉及那些对读者们来说老生常谈、相当熟悉的东西。然而，笔者还是斗胆做这种探索，希望神学家们会有点兴趣看看这些古老的神学问题如何被一个历史学家来探究。不管怎样吧，观看一个不谨慎的历史学家到这些众所周知、已经被详尽考察过的神学困境中又来折腾，神学家们可能会找到一些乐趣。

让我们以考察两个前后相继的观点来开始我们的探索。这两个观点处于这个历史—神学全音域的两个极端，但如果分别都站得住脚的话，各自都可以颇为明快地解决历史对于灵魂的意义这个问题。在笔者看来(他最好还是提前宣布一下)，这

254 两个观点事实上都站不住脚，它们都包含一个基本的真理，但都因将其推到极端的夸张而使这个真理失效。

一个纯粹的现世观点

这两个极端观点的第一个就是：对于灵魂来说，它存在的全部意义就包含在历史之中。

在这个观点看来，个人完全就是他为其成员的那个社会的一个部分。个体存在是为了社会，而非社会存在是为了个体。所以，人类生活中有意义和重要之事不是灵魂的精神发展，而是作为个体的共同体的社会发展。在笔者看来，这个论点是不真实的，如果视其为真，付诸行动，就会带来道德暴行。

个人只是社会的一部分，这个命题对于那些社会性昆虫——蜜蜂、蚂蚁和白蚁——整体而言可能为真，但对于我们所知道的任何人类而言却是不真实的。20 世纪早期以涂尔干为领军代表的一派人类学家，画了一幅原始人的图景，将他们描绘成几乎与我们所言的理性自我不同的另外一种精神和心灵的存在。这一派从对现存的原始社会的那些描述中找来证据，将原始人表现为不是由个体智力的理性运作来行事，而是由人群的集体冲动来行事。然而，“非文明”之人与“文明”之人的尖锐区别已经被涂尔干时代之后富有启发的心理学发现做了彻底修正并加以缓解了。心理学研究向我们表明，所谓
255 野蛮人并非完全过着由集体无意识冲动支配的生活。尽管首先是人类学家的观察对原始人的心智进行了揭示，但却是心理

学研究使一点变得清晰：同我们相对成熟的心智一样，在原始人的集体无意识之上也有意识，它如同一只危险地在无底无边的海洋上漂浮着的小划艇。不管人的心智建构被证明是什么，我们已经多多少少肯定了一点：那些处在努力从原始人的生活层面向文明之山梁攀爬之中的人们，在人类本性方面基本上如同我们一样；那些处在前原始阶段的人们如新几内亚的巴布亚人和中非的矮小黑人俾格米人，他们在晚近这数千年的时间里，也处在同时期文明进程的社会辐射的支配之中。所有现存的人类，不管处于现存的哪种社会类型内，他们的心智构成看来实质上是同一的。认为我们所知的“人”属的“智人”人种的那些最早代表必有差别，这是没有依据的。做出这个判断不是源于人类学家与那些留存的民族的个人交往，而是源于考古学家和生理学家对所发现的原始人人工器物和骨骼的解读。如同处在最不原始状态之中一样，处在最原始状态中的智人——在我们已知的任何方面，我们都可以得出结论——其个体都已经拥有了一定程度的自我意识的个性，这使得他的心智高于集体无意识之流的水面，这就意味着个体灵魂有一种与社会生活区分开来的真实生活。我们或许还可以得出结论：个性是具有巨大道德价值的珍珠，我们看到，当这珍 256
珠被踩进泥潭时，道德暴行就会发生。

这些道德暴行最为明显地体现于一些极端例子：古希腊社会中的斯巴达生活方式，现代伊斯兰教世界中奥斯曼苏丹国的奴隶家庭，我们自己时代一些西方或部分西化国家中用暴力建立起来的极权政体。然而，当我们从这些极端例子中领悟这些道德暴行的本质是什么时，将斯巴达色调放在通常的古典希腊城邦的爱国主义中进行考量，将极权色调放在我们通常的现代西方民族主义中进行考量，会更有教益。就宗教而言，将个人视为仅仅是共同体的一部分，这是对灵魂与上帝之间的个人联系的否认，是人类社群——利维坦——崇拜对上帝崇拜的置换，这种令人厌恶的荒芜占据了它不应该出现的地方。德国国家社会主义的年轻领导人巴尔杜尔·冯·席拉赫曾宣布他的任务就是“在每个德国人的心中建造一座伟大的德国圣坛”。崇拜一种朝生暮死、绝非完善、运作之中常常极为邪恶的人造制度，这一定是错的。有必要回忆一下早期基督教对这种利维坦的特别崇高膜拜——也许是能够想象得到的最崇高——形式毫不妥协的拒绝。如果有任何人类共同体值得崇拜，那它得是一种世界国家如罗马帝国，它为一个长期遭受战争与革命折磨的世界带来了统一与和平的赐福。然而，早期基督教却挑战罗马帝国政府这种看似不可抗拒的强大力量，而不是以一种利维坦崇拜来与之妥协，这种利维坦崇拜当时正以一种和蔼可亲的形式被令人信服地推荐给人们。

257 即使是用最为崇高最为温和的形式，对利维坦的膜拜也是一种道德暴行；然而，社会是人的目的，个人只是达到这个目的的一种手段，在这种错误信念中又有着一种真理的因素，这个隐藏的真理就是人是社会生物。只有走出自身，进入与其他精神存在的联系之中，人才能实现自身本质的潜力。基督教会说，灵魂最重要的联系就是他与上帝的合一，但他也需要与他的同伴生物建立联系，他们也是上帝的孩子。

一个纯粹的来世观点

现在，我们跳跃到另外一极，来考察相对立的另一个观点：对于灵魂来说，它存在的全部意义是在历史之外。

在这个观点看来，这个世界整体上是没有意义而且邪恶的。灵魂在这个世界上的任务就是忍受它，与它分离，摆脱它。佛教(不管佛陀本人的观点是什么)、哲学中的斯多葛派和伊壁鸠鲁派就是这种观点，柏拉图主义中也有颇浓的这种意味，这也是历史上对基督教的一种解说(在笔者看来，这是一种错误的解说)。

根据极端的佛教观点，灵魂本身是这个现象世界的不可缺少的一部分，所以，为了摆脱这个现象世界，灵魂就必须熄灭自身。然而，它自身必须熄灭的一些要素在基督教看来却对灵魂存在至关重要，比如最为重要的爱和怜悯的感受。这种观点在小乘佛教中明确清楚，在大乘佛教中也有暗示，虽然大 258
乘佛教的追随者对自己教义最终暗示的细想结果会感到十分犹豫。大乘佛教的菩萨可以因他对他同伴——有情众生——的爱和怜悯，永世不断地延缓自己进入涅槃，以帮助他的同伴走上这条他业已为自己发现的道路。然而，这条道路，这条正统之路终究会通过自我熄灭而获救，菩萨的牺牲尽管无边无际，却不是不可取消和永恒的。最后，菩萨还是要走最后一步，进入涅槃——他已经站在它的入口了，而进入涅槃他就熄灭了自己的爱和怜悯——而正是爱和怜悯为他赢得了爱的回应和人类的感激。

斯多葛派可以被形容为(或许太刻薄了)一个准佛教徒，但对于自己的坚定信念又没有充分的勇气。至于伊壁鸠鲁派，它是将这个世界视为原子之间无意识相互作用而来的一个偶然、无意义和邪恶的产物。由于他偶然发现比起一个人的预期寿命，这个短暂世界会有可怕的持续时间，他就必须期待或者是加快自身的分解，以此作为自己摆脱这个世界的唯一方式。

当然，基督教的极端来世派也的确相信上帝的存在，相信他为了一个目的而创造了这个世界，但它将这个目的视为一个消极的目的，是要用苦难来训练灵魂，而这个世界与另一个世界没有共同的积极面。

视灵魂存在的全部意义是在历史之外，这种观点对于笔者
259 来说，即使是一个衰减之后的基督教版本，也显示着与基督教立场不同的难以克服的困难。

首先，任何这样的观点都肯定无法与基督教对上帝性质的独特信念相容。这种信念就是：上帝爱他的创造物，所以也就爱这个世界，因此道成肉身以使人的灵魂在他们的尘世生活中得到救赎。很难想象一个慈爱的上帝创造这个或其他有情众生的世界不是为了它本身，而仅仅是为了另一个世界，对于那里的喜悦居民而言，这个世界就是化外的一片荒原。更难想象上帝会有意用罪孽和苦难把他宣称创造的这片被遗弃的荒原填满，仿佛一个军队指挥官以冷血精神为他的军队创造了一个练习场，他占有或制造一片荒野，布上真地雷，埋上待炸的炮弹和手榴弹，喷洒毒气，以便训练他的士兵应付这些定时炸弹，付出的是生命和肢体的惨烈代价。

而且，对于上帝不管有什么可能或不可能的事情，我们都可以肯定地断言，灵魂将它在这个世界上与其他灵魂的关系视为不重要的存在，仅仅是达到它自身救赎的一种手段，这决不可能。所以，这完全不是为了另一个世界基督教尽善尽美而在这个世界上所受的良好训练。人对待自己同伴态度的那种可憎的不人道，会是一种让人心变硬而对抗基督教爱之激励的

教育。换言之，从基督教的观点来看，这是可以想象得到的最为可恶的错误教育。

最后，如果我们相信所有的灵魂对上帝而言都是具有绝对价值的对象，那么我们就不得不相信任何地方任何时候它们相遇时也一定对彼此具有绝对价值：在这个世界上的绝对价值， 260
也就是下一个世界的希望。

对于灵魂来说，它存在的全部意义是在历史之外，这个观点因此可被证明如同我们首先考察过的那个相反观点一样令人厌恶。不过，如同上一个观点一样，这个错误信念中也有一种真理的因素。人的社会生活和人在这个世界上的关系并非仅仅是朝向个人精神目的的手段，但在这个世界上我们的确通过苦难而认知，在这个世界上的生活本身并不是目的，它只是一个更大整体的一个片断(尽管是一个真实的片断)；在那个更大整体内，在一个灵魂的精神图景中，那个中心的和支配的(虽然不是唯一的)的特征是它与上帝的联系。

第三种观点：这个世界是上帝之国的一个行省

我们已经拒绝了两种观点，这两种观点都为我们那个问题——历史对于灵魂的意义——提供了一种答案。我们拒绝承认灵魂存在的意义或是全部在历史之内或是全部在历史之外。这一对消极的结论向我们呈现的是一种困境。

拒绝了灵魂存在的意义全部在历史之内的观点，我们就要证明每个个体灵魂与上帝联系的首位重要性——事实上是一种权利和一种责任。然而，不管是什么时间或地方，不管处在这个世界的什么社会或历史环境中，如果每个灵魂都处在一种知晓和热爱上帝的位置上，或者是用传统的神学术语来说，处在一种最后拯救的位置上，那么这个真理看来就使得历史的意
261 义消失了。如果最原始的人们，处在这个世界上最初的社会环境和精神生活之中，也能够实现人与上帝之联系这一人的最终目的，那为什么我们还要努力让这个世界变成一个较好的地方呢？的确，这些话能赋予什么可理解的意义呢？另一方面，拒绝了灵魂存在的意义全部在历史之外的观点，我们就要证明上帝之爱在他与他的创造物联系中的首位重要性。然而，如果上帝爱这个世界并且道成肉身来到这个世界，那这个世界就一定会有正面价值，那么，他的努力以及我们在他的激励之下并代表他的努力，即让这个世界变成一个较好的地方，这在某种意义上就必然是对的和有意义的。

我们能够解决这种明显的矛盾吗？我们或许能够为了实用目的而解决这个矛盾，只要我们能够为这样一个问题找到一个答案：在什么意义上这个世界能够有所进步？

我们这里所谈的进步是我们社会遗产一代接一代的持续和累积的进步改善。谈进步，我们指的必须是这个，因为设想人的自身性质在“历史时期”的进化中——无论是身体方面还是精神方面——有任何进步，这并不保险。即使我们把自己的历史视野回溯到智人最早出现的时间，这个历史时期放在这个星球上生命进化的时间长度中也是极其之短。西方人以其目前的智力和技术能力的高度，并没有蜕除亚当的原罪遗赠，就我们所知，十万年前的旧石器时代的人类无论是好是坏，就已经具有了我们今天在自己身上发现的相同的精神特征和身体

特征。所以，如果在“历史时期”中辨识进步，就只能是我 262
们社会遗产改变上的进步，而不是我们人种改变上的进步。就科学知识及其技术应用的领域而言，社会进步的证据当然令人印象深刻。也就是说，只要是在人类支配非人类的自然界，每一件事都有巨大进步。然而，这是一个与正题无关的问题。这个特殊领域令人印象深刻的进步证据，与之相伴的是一个显而易见的事实：人只是在与非人类的自然打交道时相对擅长。人拙于与自己和自己人类同伴身上的人性打交道，更不必说，人已被证明在进入与上帝的正确关系之中上做得更差。在智力和技术领域，人已经是一个耀眼的成功，在精神事物上，人是一个凄惨的失败；尘世人类生活的巨大悲剧就在于：人在自然事物和精神领域不同成就的鲜明差别至少到现在为止应该是颠倒过来的。人的生活的精神一面，对于人的幸福(哪怕是就他的物质幸福而言)要重要得多，远远超过了他对非人类自然的支配。

那么，对人如此重要的生活的精神一面，人在其中迄今为止又是如此落后，这究竟处在一个什么位置上呢？就人类精神生活——这指的是个体灵魂的精神生活，因为人与上帝的联系是个人的而非集体的——的社会遗产的改变而言，是否有累积进步？精神领域中一种可想象的进步——这种进步具有历史意义，也可以说是论证了上帝对这个世界的爱和他道成肉身来到这个世界——就是这个世界上每个灵魂可以享有的蒙恩之
道的累积增加。当然，这个世界上人的精神处境中有一些因 263
素，一些非常重要的因素，不会受到这种所能得到的蒙恩之道增加的影响。它既不会作用于人趋向原罪的天生癖好，也不会影响他在这个世界上获得拯救的能力。处于新和旧的精神

天命之下的每个孩子都出生在这种原罪的束缚之中，尽管生在新的精神天命之下的孩子在获得自己的自由上得到了更好的装备与帮助，远远超过了他的前辈。同样，处于旧和新的精神天命之下，在这个世界上获得拯救的机会对每一个灵魂都是开放的，因为每一个灵魂永远而且到处都可以知晓和热爱上帝。这个世界上供人享有的蒙恩之道累积增加的实际而重大的效应，将使得人的灵魂——仍然处在尘世的灵魂——有可能去更好地知晓上帝，更好地热爱上帝，更密切地走在他的道路上。

依据这样一种观点，这个世界就不是上帝之国范围以外的一个精神练习场，它是上帝之国的一个行省——仅仅是一个行省，而且不是最重要的那个行省，但这个行省具有与天国其他地方一样的绝对价值，所以在这里精神行为可以而且必将具有充分的意义与价值。在一个所有其他事物均为虚空的世界上，唯有此事显现和保有着价值。

译 者 后 记

出生于1889年的阿诺德·约瑟夫·汤因比(Arnold Joseph Toynbee)，以86岁的高龄于1975年10月辞世，留下《历史研究》、《文明经受考验》、《世界和西方》、《人类必须抉择》、《人类与大地母亲》等代表作。不过，这位享誉一时的英国著名历史学家，活着的时候，专业史学界对他的12册皇皇大著《历史研究》就有讥评，认为史实失误，史事误解，过于教条，而强调“史学升华入神学”更非史家之论。

然而，汤因比本人对此似有所自辩。他说自己不赞同那种“拉比显微镜般钻研圣书或经典”的方式，认为这种视野是将书视为一种自身封闭之物，一种静止和死亡之物，而不是视为一种材料追踪或人之行为的反射或残骸。在更为普遍或哲学的层面上，拉比的研习方式导致一个人将生活视为书；而希腊人的方式相反，不仅就书本身来研习，更把它们作为理解那些写作者生活的关键；对于他自己，书则是理解今天与未来的入口。

这本《文明经受考验》初版于1946年，重印于1949年。翻译时，常想起中国人熟知的那句“究天人之际，通古今之变，成一家之言”。司马迁“网罗天下放失旧闻，略考其行事，综其终始，稽其成败兴坏之纪，上计轩辕，下至于兹”，汤因比由古希腊—罗马文明爬梳至1940年代后期的人类走向，更遥想一百年后、一千年后、三五千年后的历史学家评说今天的“文明相遇”。他们都想追求一种超越“只缘身在此山中”而“不识庐山真面目”的透视，找到历史之物在时空中的真正比例，在历时领域中找到坚固的共时之物，叩击波涛流逝之下的深层岩床，这大约也属于钱鍾书所言“东学西学，道术未裂；南海北海，心理攸同”。

宇宙可以理解，而历史的可理解领域是文明层面，不同文明相遇导出又一种文明和较发达的宗教，但这并非史家追寻的终点，发达宗教的世俗史是天国生活的一个方面。这是汤因比研究历史的基本立场。无论是从超越国家的文明角度，还是宗教上升的角度，汤因比的深层思考其实是历史的“必然”与“可能”。

“历史的重演”是多少人的感叹，黑格尔慨言“人类从历史中所得到的教训就是：人类从来不记取历史教训”，汤因比则以人类历史是一个人所不能看清的宏大计划之进行的立场来解说它的重演：“在以色列、犹太和伊朗先知们的视野中，历史不是循环，也不是一个机械的过程。它是发生在这个世界的狭窄舞台上的一个熟练向前执行的神圣计划，我们只能在匆匆一瞥中得到其吉光片羽的呈现。但在每个方面都超越了我们人类的视野和理解力。”“如果创造的每种新形式不博采众长，创造几乎不会有任何进步。一位创造者——人或神，如果没有足够的材料来进行大胆而又多产的试验，用有效的手段来检索不可避免的错误，又怎样来证明他自己呢？”

黑格尔那句感叹悲哀于人的冥顽不灵，汤因比更看重天意之内的人之作为：“如果人类历史重复，这也与宇宙的普遍节奏相一致，但在宇宙范围内，这种重复模式的意义就是为了推进创造的工作。这样来看，历史的重复因素就将作为创造行动的自由手段被显示出来，而非暗示上帝和人是命运的奴隶”，“作者完全可以马上把话挑明。他在自己对人类生活之谜的解读中不是一个决定论者。他相信凡是有生活的地方就有希望，所以，有着上帝的保佑，人是他自己命运的主人，至少是在某些方面某种程度上如此”。

说汤因比持有一种“文明史观”尚不够确切，他更强调的是文明的动态碰撞，尤其是碰撞产生的效应，他根本上的一种期待和乐观正基于此。斯宾格勒的《西方的没落》也是文明史观，但汤因比发现自己可以继续深入：“在斯宾格勒看来，各个文明是一致不变地在一个固定的时间表内兴起、发展、衰落和沉没，但对此又没有给出任何解释。”他认为种族和环境的解说角度都不令人信服，他自己在歌德的《浮士德》中找到了启发：“上帝真诚地将他的创造成果置于危险之中，所以我们必须假定上帝这样做是为了赢得一个创造新物的机会，那么我们也不得不假定魔鬼并非总是战败。因此，如果挑战与回应的机制可以解释用其他思路难以解说和不可预知的文明之起源和发展，那么它也可以解释文明的崩溃和瓦解。”

这种史观强调文明相遇，挑战应战，创造新物，就势必带来历史展望的变化。各个文明的中心论，尤其是西方中心论，尽管有其出现的史实依据，但从历史发展逻辑上说，如果坚守就必显颟顸而终会被打破。汤因比谈到那些分离的文明社会如中国、俄罗斯、穆斯林国家、日本、法兰克，以及今天的西欧文明，“它们中每一个都相信自己是这个世界中唯一的文明社会，其他的人类都是野蛮人、贱民或异教徒……一个共同的‘神之选民’的神话，这六个竞争而互不相容的版本，一个比一个更蔑视常识”。文明的相遇，尤其是因西欧文明扩张而大大促进和加速了的文明相遇，“其他活跃的社会现在已经被迫超越这种观点了。不过，或早或晚，轮到西方的时候，它也注定要接受其他文明已从西方行动带来的世界统一所受过的重新教育”。

汤因比在历史上看到，面对西方文明的来袭，一个处于防守的社会有两种反应。一派是“狂热派”，是那种避开不熟悉事物而进入熟悉事物的人。当他与一个战术高超、使用新式武器的陌生人作战，发现自己处于劣势时，他的反应就是极其规矩地使用自己的传统战术。另一派是“希律派”，这一派懂得抵御未知事物之危险的最有效办法就是去掌握它的秘密。当他发现自己面对一个武艺更高、武器更好的对手而处于窘境时，他的反应是放弃自己传统的兵法，去学习对手的战术和武器来与对手作战。汤因比指出，面对同一种挑战，“狂热派”的冲动是人本性的自发反应，“希律派”必须把智力和意志结合在一起才能克服自己身上的“狂热派”冲动。能够转到“希律派”，就其本身而言，是一种性格的标志。想一想，这都是求实而深刻的知人之言。他认为，在现代西方挑战过的所有非西方民族中，日本人也许是到现在为止世界上最为成功的“希律派”典型，埃及和土耳其这样的国家也走了这条路。不言而喻，面对挑战，二者之中，“希律派”的回应要有效得多。

然而，站在不囿于任何强势文明而是展望文明相遇之产物的基本立场，汤因比深刻指出“西学为体”的一个根本缺陷：哪怕“希律派”的目标在最大的可能程度上得到了实现，文明的遗产又会得到什么增添呢?“希律派道路”是模仿性的，而非原创性的。即使它成功了，也只是简单地扩大了所模仿社会的千篇一律产物的数量而已，而不是释放人的精神中新的创造能量。

从公元1500年而后，西欧文明在文明相遇中就处于优势的扩张地位。可是，在19、20世纪之交达到高峰之后，却在四十年的时间内接连遭遇两场世界大战，继而又面临因美苏对峙而随时可能爆发的第三次世界大战。汤因比1915年为英国外交部情报司工作，1919年出席“一战”后的巴黎和平会议，1943年再次在英国外交部任职三年，1946年又以英国代表身份参加了“二战”善后的巴黎和会。写作本书中这些文章时，汤因比有一种面对现实的紧迫感：“基督纪元1947年人类处于何处，这个问题无疑涉及世界各地的这整整一代人。”他以自己的历史参照认为，世界是否很快走向政治统一，这不是问题；这种快速的统一会有两种选择方式，究竟会是哪一种，这才是问题。建立一种合作性的世界政府，“在我们这一代中，我们自己对这种较为愉快的解决方案的追求已经坚决得多和自觉得多……在一片基本上为未知的土地上，我们开始了一种极为困难的政治开创性事业”，这最早的尝试是“国联”，接下来是联合国。

然而，汤因比更知道传统做法的顽固惯性：一轮轮持续战争打到最后，一个生存下来的大国用“击倒对方的最后一拳”灭掉最后那个竞争者，用征服把和平加于世界。公元前1世纪时希腊—罗马世界就是以这种方式被罗马强行统一，公元前3世纪时远东世界也是以这种方式被罗马式的秦国所统一。20世纪后半叶，美苏对峙，它们的军事实力使世界上所有其他力量相形见绌，作为它们母体的欧洲也被大大矮化，“除非我们充分考虑到那些‘击倒对方的最后一拳’的不利现实情况，否则我们是不可能成功避免它的”。

对于这种现实危险，汤因比深感忧虑。在《文明经受考验》一文中，他甚至预测，如果人类的未来是非常灾难性的，如果人类要经历使用原子弹杀人的疯狂，那么人类未来的希望就寄托在藏族人、爱斯基摩人和中非黑人俾格米人(Negrito Pygmies)身上，因为这些民族尚能免于因人的愚蠢和邪恶而带来的危险。他未必能想到，1980年代结束时，也就是他出生一个世纪之后，冷战会以苏东剧变结束。如果他能看到或想到，他一定觉得自己所言世界统一之快还是保守了，因为100年的时间在他看来，实在不算什么。

翻译时，印象很深的一点是汤因比屡屡强调地球上人类文明的6 000年实在短暂，实在属于一瞬，所以真正的结果要放开眼界来看。“把我的世界称为‘现代’，把修昔底德的世界称为‘古代’，做这样一种年代注释并无意义。……我们称为‘文明’的这些人类社会从首次出现至今的这五六千年，与到现在为止的人类年龄、地球上的生命年龄、地球本身的年龄、我们这个太阳系的年龄、太阳系在其中仅为一粒尘埃的银河系年龄，或者是更广阔和古老得多的所有星辰宇宙的年龄相比，实在是极其短暂的一瞬。放在时间暂时性量级的这个序列中，在公元前第二个千年出现的文明(比如希腊—罗马)，在公元前第四个千年出现的文明(比如古埃及)，在公元第一个千年出现的文明(比如我们自己的)，就的确属于同时代了。”

所以，在汤因比这里，社会层面的严峻急迫又被一种宏观视野的达观所缓解：那些对上帝的性质和上帝与人的关系有纯洁和崇高信念的民族，“他们或许能够给人类一个新的开始。如果发生了这种情况，我们会损失晚近这6 000年到1万年的那些成就，但与人类业已存在的60万年到100万年相比，1万年又算什么呢?”核战争大灾难的极端可能性是消灭了整个人类，包括非洲黑人和所有人，就地球上的生命历史而言，即使是这种极端也并非完全不可能。然而，“到现在为止，人类在地球上的支配也就仅仅10万年，与生命在这个星球的表面业已存在的5亿年或8亿年相比，10万年又算什么呢?”

汤因比说，若干个世纪之后，未来的历史学家回望20世纪前半叶，用时间透视所给予的正确比例来看这一时期的活动与经历，我们这个时代的突出事件不是那些报纸头条，不是那些战争、革命、大屠杀、驱逐、饥荒、过剩、衰退或繁荣，“而是一些我们仅仅半意识之事……这些深层而缓慢的运动最终构成了历史，也是它们在回顾之时以其巨大而凸显出来，而那些轰动一时之事则在时间的透视中缩回到它们的真正比例”。

2047年的历史学家回顾20世纪的重大事件，会认为是西方文明对其他社会的影响，“他们会说这种影响如此强大如此普遍，以至于它从上到下、从里到外改变了所有受影响者的生活——以一种隐秘的方式影响着男人、女人和孩子的行为、观点、感受和信仰，触碰着仅靠物质力量无法触碰的人们灵魂的和弦”。

“3047年的历史学家会有一些更有意思的事情来说，他们可能对这个故事就知道得多了。他们会主要对巨大的反作用感兴趣，我们的西方文明已经被来自外部世界的反辐射影响改变得几乎认不出来了。”

“到了公元4047年，西方文明与其他文明之间的那个在今天显得巨大的差别，很可能就会显得不重要了。一个巨大的单一经验，它对整个人类是共同的。一个文明有自己的地方性社会遗产，这样的经验被它与其他文明的地方性遗产的碰撞击成了碎片，然后就找到了一种新的共同生活，它从这堆残骸中涌现出来。历史学家们可能需要很大的想象力才能记起文明的先驱者在文明存在的前 6 000 年左右时间内的地方性景观。”

“最后，公元 5047 年的历史学家会说，人类这种社会统一的重要性并不在于技术领域和经济领域，也不在于战争领域和政治领域，而在于宗教领域。”

的确，要真正理解汤因比，宗教作为一个核心不可回避。在我看来，汤因比强调的并非盲目的僵硬信仰，比如他对天主教的弥撒和层级就感觉复杂，既承认这是它必穿戴的制度盔甲，但又是一种不可避免的代价，使得它的精神分量降低了。他真正看重的是人类个体的精神提升。在社会层面，汤因比以外交实务者的亲身经历看到了诸多难以克服的困难，虽倡导努力但并不乐观；而在人的精神层面，他却不乏信念乃至于乐观，这就是以宗教为表征的个体的精神升华，使自我与终极存在合为一体。唯有这种每个人的精神提升，才是导致社会向上的唯一有效手段——虽然这并不是个体精神提升的目的。

“在一个神圣计划里，因文明失败所导致苦难而来的认知，会是进步的至高无上的手段。……这些文明中的每一个在运转的时候，都是对一种巨大的共同的人类进取的尝试，或者说，在它的运转停止之后来回顾它，它是一种巨大的共同的人类试验的独特例子。这种进取或试验是实施创造行为的一种努力。这些文明中的每一个，都试图上升至高于起码的人——也就是高于原始的人，朝向某种较高的精神生活。”

他认为，尽管有过一些单个的男人和女人实现了这种较高的精神，比如各个文明的那些圣人和贤哲，但却从来没有任何人类社会实现了它，从来没有过这样的文明社会。当汤因比强调尘世不过是天国的一个行省，真正具有穿透力的史学应该升华为神学时，他真正在意的是去关注这种个体精神升华的普遍化，也就是“历史对于灵魂的意义”。

在这个问题上，他不同意“纯粹的现世观点”，即认为灵魂存在的全部意义就包含在历史之中。如果是这样的话，那么“个人完全就是他为其成员的那个社会的一个部分。个体存在是为了社会，而非社会存在是为了个体。所以，人类生活中有意义和重要之事就不是灵魂的精神发展，而是社群的社会发展”。纳粹德国的青年团领袖席拉赫曾宣布自己的任务是“在每个德国人的心中建造一座伟大的德国圣坛”，这话说得何等理直气壮，但汤因比以此为反例，斩钉截铁地说：“崇拜一种朝生暮死、绝非完善、运作之中常常极为邪恶的人造制度，这一定是错的。”人拥有自我意识的个性，这使得他的心智高于集体无意识之流的水面，这意味着个体灵魂自己有一种与社会生活区分开来的真实生活。不过，汤因比也清醒地认识到，尽管社会是人的目的、个人只是达到这个目的一种手段为错误信念，但其中“又有着一种真理的因素，这个隐藏的真理就是人是社会生物。只有走出自身，进入与其他精神存在的联系之中，人才能实现自身本质的潜力”。

另一方面，他也不赞同“纯粹的来世观点”——灵魂存在的全部意义是在历史之外。在这个观点看来，这个世界整体上没有意义，而且邪恶。灵魂在这个世界上的任务就是忍受它，将自己与它分离开来，摆脱它。汤因比明确宣布，这无法与基督教对上帝性质的信念相容：上帝爱他的创造物，所以也就爱这个世界，因此道成肉身以使人的灵魂在他们的尘世生活中得到救赎。很难想象一个爱的上帝创造有情众生的这个世界不是为了它本身的缘故，而仅仅是作为来世其他目的的手段。想到这种观点的不合宗教真义，他颇为愤慨：“更难想象上帝会有意用罪孽和苦难把他宣称创造的这片被遗弃的荒原填满，仿佛一个军队指挥官以冷血精神为他的军队创造了一个练习场，他占有或制造一片荒野，布上真地雷，埋上待炸的炮弹和手榴弹，喷洒毒气，以便训练他的士兵来应付这些定时炸弹，付出的是生命和肢体的惨烈代价。灵魂将它在这个世界上与其他灵魂的关系视为本身不重要，仅仅是达到它自身救赎的一种手段，这决不可能。”

回望6 000年的人类文明，汤因比提出一个问题：在什么意义上这个世界能够有进步？就科技领域而言，社会进步的证据令人印象深刻，只要是人来支配自然界，每一件事都有巨大进步。然而，“人只是在与非人类的自然打交道时相对擅长。人拙于与自己和自己人类同伴身上的人性打交道，更不必说，人已被证明在进入与上帝的正确关系上做得更差。在智力和技术领域，人已经是一个耀眼的成功，在精神事物上，人是一个凄惨的失败；尘世人类生活的巨大悲剧就在于：人在自然事物和精神领域不同成就的鲜明差别至少到现在为止应该是颠倒过来的。人的生活的精神一面，对于人的幸福(哪怕是就他的物质幸福而言)要重要得多，远远超过了他对非人类自然的支配”。

汤因比无疑认为自己身处其中的西欧基督教文明在他那个时代是具有优势的，而且想让这种优势成为促进文明相遇而产生新物的引导与动力。然而，他“谦卑又自豪”地看到，刻在巴黎凯旋门上或记录在一些朝生暮死的“列强”国家和城市档案中的我们西方社会局部利益的政治，并不是我们现代西方历史的主要线索。这主要线索甚至不是西方在世界上的扩张。这主要线索是一个借西方之手逐渐搭建的框架，在这个建构之中，所有曾经分离的社会都把自己合建为一。它是在一种无意识的过程中完成的，就像是海底的珊瑚礁上升为水面上的环形礁时微生物所付出的劳动一样。不过，我们西方建造的这个结构，其材料却不像它那么耐久。它里面最明显的原料就是技术，而人不能单靠技术而活。到了成熟的时间，当由许多大厦构成的普遍之屋稳固坐落于自身那些基础上，临时的西方技术性框架拆除了——我对此毫不怀疑，我相信这些基础最终将会显现稳固，因为它们有着宗教的深层基岩。”

也译过一些东西了，译这本《文明经受考验》是最费劲的。老派学者(这个表述只有敬重)知识渊博，思维缜密，辩证论说，语言丰赡，长句重叠，更有宗教情怀居高临下，时不时悲悯而嘲弄可怜的人类，译汤之难，屡屡感慨。只希望真正看懂，真正说明白，雅不敢言，求几分信达？请不以汤氏为落伍或愚昧的读者指教。

王毅

2015 年 5 月

图书在版编目(CIP)数据

文明经受考验/(英)阿诺德(Toynbee, A. J.)著;
王毅译. —上海:上海人民出版社,2016
(汤因比著作集)
书名原文:Civilization on Trial
ISBN 978-7-208-13565-9

Ⅰ. ①文… Ⅱ. ①阿… ②王… Ⅲ. ①世界史-研究
Ⅳ. ①K107

中国版本图书馆 CIP 数据核字(2016)第 012652 号

策　　划 孙　瑜
责任编辑 黄玉婷　黄好彦
装帧设计 范昊如

文明经受考验
[英]阿诺德·汤因比 著
王　毅 译

出　　版 上海人民出版社
(201101　上海市闵行区号景路 159 弄 C 座)
发　　行 上海人民出版社发行中心
印　　刷 江阴市机关印刷服务有限公司
开　　本 635×965　1/16
印　　张 15.5
插　　页 5
字　　数 227,000
版　　次 2016 年 8 月第 1 版
印　　次 2023 年 2 月第 5 次印刷
ISBN 978-7-208-13565-9/K·2477
定　　价 59.00 元